"高质量发展建设共同富裕示范区"系列丛书

成人达己

社会责任助力共同富裕

莫申江　谢小云　邬爱其———著

Zhejiang University Press
浙江大学出版社
·杭州·

图书在版编目（CIP）数据

成人达己：社会责任助力共同富裕 / 莫申江，谢小云，邬爱其著. -- 杭州：浙江大学出版社，2025.4
ISBN 978-7-308-24874-7

Ⅰ．①成… Ⅱ．①莫… ②谢… ③邬… Ⅲ．①企业责任－社会责任－研究－中国②共同富裕－研究－中国
Ⅳ．①F279.2②F124.7

中国国家版本馆CIP数据核字(2024)第083162号

成人达己：社会责任助力共同富裕
CHENGREN DA JI: SHEHUI ZEREN ZHULI GONGTONG FUYU
莫申江　谢小云　邬爱其　著

策划编辑	张　琛　吴伟伟　陈佩钰
责任编辑	陈逸行
文字编辑	梅　雪
责任校对	马一萍
封面设计	雷建军
出版发行	浙江大学出版社
	（杭州市天目山路148号　邮政编码310007）
	（网址：http://www.zjupress.com）
排　　版	杭州林智广告有限公司
印　　刷	杭州宏雅印刷有限公司
开　　本	710mm×1000mm　1/16
印　　张	12.5
字　　数	147千
版 印 次	2025年4月第1版　2025年4月第1次印刷
书　　号	ISBN 978-7-308-24874-7
定　　价	78.00元

浙江省文化研究工程指导委员会

丛书专家委员会

浙江文化研究工程成果文库总序

有人将文化比作一条来自老祖宗而又流向未来的河,这是说文化的传统,通过纵向传承和横向传递,生生不息地影响和引领着人们的生存与发展;有人说文化是人类的思想、智慧、信仰、情感和生活的载体、方式和方法,这是将文化作为人们代代相传的生活方式的整体。我们说,文化为群体生活提供规范、方式与环境,文化通过传承为社会进步发挥基础作用,文化会促进或制约经济乃至整个社会的发展。文化的力量,已经深深熔铸在民族的生命力、创造力和凝聚力之中。

在人类文化演化的进程中,各种文化都在其内部生成众多的元素、层次与类型,由此决定了文化的多样性与复杂性。

中国文化的博大精深,来源于其内部生成的多姿多彩;中国文化的历久弥新,取决于其变迁过程中各种元素、层次、类型在内容和结构上通过碰撞、解构、融合而产生的革故鼎新的强大动力。

中国土地广袤、疆域辽阔,不同区域间因自然环境、经济环境、社会环境等诸多方面的差异,建构了不同的区域文化。区域文化如同百川归海,共同汇聚成中国文化的大传统,这种大传统如同春风化雨,渗透于各种区域文化之中。在这个过程中,区域文化如同清溪山泉潺潺不息,在中国文化的共同价值取向下,以自己的独特个性支撑着、引领着本地经济社会的发展。

从区域文化入手,对一地文化的历史与现状展开全面、系统、扎实、有序的研究，一方面，可以藉此梳理和弘扬当地的历史传统和文化资源，繁荣和丰富当代的先进文化建设活动，规划和指导未来的文化发展蓝图，增强文化软实力，为全面建设小康社会、加快推进社会主义现代化提供思想保证、精神动力、智力支持和舆论力量；另一方面，这也是深入了解中国文化、研究中国文化、发展中国文化、创新中国文化的重要途径之一。如今，区域文化研究日益受到各地重视，成为我国文化研究走向深入的一个重要标志。我们今天实施浙江文化研究工程，其目的和意义也在于此。

千百年来，浙江人民积淀和传承了一个底蕴深厚的文化传统。这种文化传统的独特性，正在于它令人惊叹的富于创造力的智慧和力量。

浙江文化中富于创造力的基因，早早地出现在其历史的源头。在浙江新石器时代最为著名的跨湖桥、河姆渡、马家浜和良渚的考古文化中，浙江先民们都以不同凡响的作为，在中华民族的文明之源留下了创造和进步的印记。

浙江人民在与时俱进的历史轨迹上一路走来，秉承富于创造力的文化传统，这深深地融汇在一代代浙江人民的血液中，体现在浙江人民的行为上，也在浙江历史上众多杰出人物身上得到充分展示。从大禹的因势利导、敬业治水，到勾践的卧薪尝胆、励精图治；从钱氏的保境安民、纳土归宋，到胡则的为官一任、造福一方；从岳飞、于谦的精忠报国、清白一生，到方孝孺、张苍水的刚正不阿、以身殉国；从沈括的博学多识、精研深究，到竺可桢的科学救国、求是一生；无论是陈亮、叶适的经世致用，还是黄宗羲的工商皆本；无论是王充、王阳明的批判、自觉，还是龚自珍、蔡元培的开明、开放，等等，都展示了浙江深厚的文化底蕴，凝聚了浙江人民求真务实的创造精神。

代代相传的文化创造的作为和精神,从观念、态度、行为方式和价值取向上,孕育、形成和发展了渊源有自的浙江地域文化传统和与时俱进的浙江文化精神,她滋育着浙江的生命力、催生着浙江的凝聚力、激发着浙江的创造力、培植着浙江的竞争力,激励着浙江人民永不自满、永不停息,在各个不同的历史时期不断地超越自我、创业奋进。

悠久深厚、意韵丰富的浙江文化传统,是历史赐予我们的宝贵财富,也是我们开拓未来的丰富资源和不竭动力。党的十六大以来推进浙江新发展的实践,使我们越来越深刻地认识到,与国家实施改革开放大政方针相伴随的浙江经济社会持续快速健康发展的深层原因,就在于浙江深厚的文化底蕴和文化传统与当今时代精神的有机结合,就在于发展先进生产力与发展先进文化的有机结合。今后一个时期浙江能否在全面建设小康社会、加快社会主义现代化建设进程中继续走在前列,很大程度上取决于我们对文化力量的深刻认识、对发展先进文化的高度自觉和对加快建设文化大省的工作力度。我们应该看到,文化的力量最终可以转化为物质的力量,文化的软实力最终可以转化为经济的硬实力。文化要素是综合竞争力的核心要素,文化资源是经济社会发展的重要资源,文化素质是领导者和劳动者的首要素质。因此,研究浙江文化的历史与现状,增强文化软实力,为浙江的现代化建设服务,是浙江人民的共同事业,也是浙江各级党委、政府的重要使命和责任。

2005 年 7 月召开的中共浙江省委十一届八次全会,作出《关于加快建设文化大省的决定》,提出要从增强先进文化凝聚力、解放和发展生产力、增强社会公共服务能力入手,大力实施文明素质工程、文化精品工程、文化研究工程、文化保护工程、文化产业促进工程、文化阵地工程、文化传播工程、文化人才工程等"八项工程"，实施科教兴国和人才强国战略，加快建设教育、科技、卫生、体育等"四个强省"。作为文化建设"八项工程"之一的文化研究工程，其任务就是系统研究浙江文化的历史成就和当代发展，深入挖掘浙江文化底蕴、研究浙江现象、总结浙江经验、指导浙江未来的发展。

浙江文化研究工程将重点研究"今、古、人、文"四个方面，即围绕浙江当代发展问题研究、浙江历史文化专题研究、浙江名人研究、浙江历史文献整理四大板块，开展系统研究，出版系列丛书。在研究内容上，深入挖掘浙江文化底蕴，系统梳理和分析浙江历史文化的内部结构、变化规律和地域特色，坚持和发展浙江精神；研究浙江文化与其他地域文化的异同，厘清浙江文化在中国文化中的地位和相互影响的关系；围绕浙江生动的当代实践，深入解读浙江现象，总结浙江经验，指导浙江发展。在研究力量上，通过课题组织、出版资助、重点研究基地建设、加强省内外大院名校合作、整合各地各部门力量等途径，形成上下联动、学界互动的整体合力。在成果运用上，注重研究成果的学术价值和应用价值，充分发挥其认识世界、传承文明、创新理论、咨政育人、服务社会的重要作用。

我们希望通过实施浙江文化研究工程，努力用浙江历史教育浙江人民、用浙江文化熏陶浙江人民、用浙江精神鼓舞浙江人民、用浙江经验引领浙江人民，进一步激发浙江人民的无穷智慧和伟大创造能力，推动浙江实现又快又好发展。

今天，我们踏着来自历史的河流，受着一方百姓的期许，理应负起使命，至诚奉献，让我们的文化绵延不绝，让我们的创造生生不息。

2006 年 5 月 30 日于杭州

总　序

　　本丛书源于党的十九届五中全会的报告。报告明确提出，到 2035 年基本实现社会主义现代化远景目标，并首次提出"全体人民共同富裕取得更为明显的实质性进展"。随后，2021 年 6 月 10 日，《中共中央 国务院关于支持浙江高质量发展建设共同富裕示范区的意见》发布，浙江省被赋予高质量发展建设共同富裕示范区的光荣使命。我作为浙江省政协智库专家、浙江省特色智库的负责人，参与了关于支持浙江省高质量发展建设共同富裕示范区的研究工作，在讨论过程中意识到社会对如何实现共同富裕有一些不正确的认识，比如，有人认为共同富裕就是"杀富济贫"，就是"平均主义"。我在 2021 年 6 月就发表了自己的鲜明观点，"共同富裕必须建立在财富创造的基础上，而不是在财富分配的基础上"。

　　为了积极响应党和国家提出的"共同富裕"这一重大命题，引导整个社会正确认识"共同富裕"，管理学者应该要向社会传递正确的认识，应该以管理理论视野去提出思路，应该扎根浙江探索面向共同富裕的管理理论。于是，2017 年在学校统战部领导下，浙江大学管理学院召集学院民主党派、无党派人士代表召开了"共同富裕示范区"建设研讨会，会后，管理学院设立了"共同富裕"专项系列研究课题，集结全院优秀师资，从管理学的多角度总结浙江经验，分析问题挑战，凝练理论逻辑，以期为浙江省高质量发展建设共同富裕示范区贡献浙大智慧。

共同富裕是社会主义的本质要求，是人民群众的共同期盼。在高质量发展中扎实推动共同富裕需要理论创新、实践创新、制度创新、文化创新。管理学院"共同富裕"专项研究预研课题正是基于"国家所需、浙江所能、群众所盼、未来所向"的原则，扎实依托管理学理论基础，充分调研浙江省基层实践经验，深度参与体制机制和政策框架建设，全面探究浙江省域文化创新，期望为实现共同富裕提供理论思路和浙江示范。

锲而不舍，终得收获。经过一年多的努力，"共同富裕"系列丛书终得面世。本套丛书遵循"创造财富—分配效益—共同富裕"的逻辑，结合浙江大学管理学院的学科特色优势，从创新、创业、数字化改革、文旅产业、数智医疗、新式养老、社会责任等方面总结浙江在探索"共同富裕"道路上的有效做法及其背后的管理理论。这些出版的专著包括《社会创业：共同富裕的基础力量》《优质共享：数智医疗与共同富裕》《成人达己：社会责任助力共同富裕》《五力祐老：共同富裕下的新式养老》《创新驱动：实现共同富裕的必由之路》《数智创富：数字化改革推进共同富裕》《美美与共：文旅产业赋能浙江乡村蝶变》七本著作（见图0-1），这些专著背后的理论根基恰好是我们的学科优势，比如，全国领先的创新管理和创业管理学科，文旅产业、养老产业等特色领域，以及数智创新与管理交叉学科。

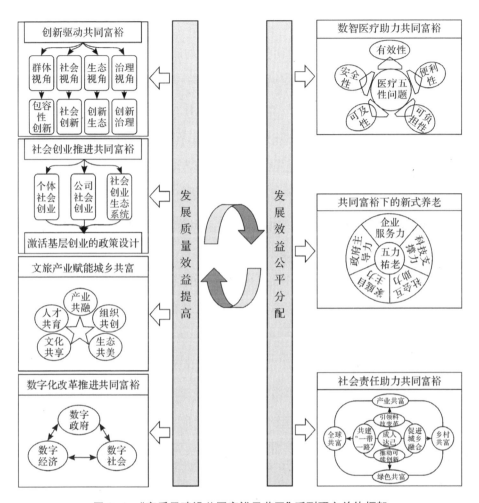

图 0-1　"高质量建设共同富裕示范区"系列研究总体框架

本丛书是中国统一战线理论研究会非公有制经济人士统战工作理论浙江研究基地（以下简称基地）的成果。该基地由中共中央统战部批准，受中国统一战线理论研究会领导，由浙江省委统战部、浙江大学党委统战部和浙江大学管理学院联合组建。基地发挥浙江大学管理学院在非公有制经济和非公有制经济人士研究的学科优势和浙江省非公经济发展的区位优势，聚焦促进非公有制经济健康发展和非公有制经济人士健康成长，开展科学研究、人才培养和政策研究，是新时代的新型高校智库。丛书的高质量、高效率完成和出版，要特别感谢浙江大学党委书记任少波教授的鼓励和支持，他亲自担任该丛书的专家委员会主任，指导我们的研究工作；要特别感谢浙江省社科联党组书记郭华巍，浙江省社科联主席盛世豪，浙江省委副秘书长、政策研究室主任朱卫江，浙江大学副校长黄先海等专家的指导和评审；要特别感谢谢小云、黄灿、刘渊、邢以群、应天煜、莫申江、沈睿、刘玉坤等作者的辛苦付出；还要特别感谢朱原、杨翼、蒋帆、刘洋、张冠宇等在项目推进中的大量协调和联络工作。此外，要特别感谢浙江省人大常委会代表工作委员会副主任谢利根和浙江省社科联规划处副处长黄获先生的大力支持，使得本丛书获得"浙江文化研究工程"立项。

丛书初稿完成时，正值党的二十大胜利闭幕，党的二十大报告强调"全体人民共同富裕的现代化"是中国式现代化的一个重要内涵。因此，本套丛书的出版也是学习贯彻落实党的二十大精神的成果。苟日新，日日新，又日新。共同富裕是中国特色社会主义的本质要求，也是一个长期的历史过程。让我们一起坚定信心、同心同德，埋头苦干、奋勇前进，美好生活图景正在更广阔的时空尽情铺展。

魏 江

2025 年春于紫金港

前　言

　　共同富裕是社会主义的本质要求，是中国式现代化的重要特征。实现共同富裕，是大势所趋、人心所向。在促进共同富裕的进程中，作为市场经济活动主要参与者以及社会生产和服务主要承担者的企业组织应当扮演什么样的角色呢？有一些观点认为，企业的首要任务始终是通过不断解放和发展生产力，创造和积累社会财富，把共同富裕的蛋糕做大、做好。还有一些观点则认为，企业应当更加积极地响应"先富带动后富"号召，结合利益相关群体的需要，积极参与社会公益，主动承担社会责任。乍一看，这两种观点是相互矛盾的，前者强调企业的经济价值，而后者则强调企业的社会价值，两者分别是"鱼"和"熊掌"，难以兼得。但是，企业助力共同富裕真的是一道"鱼和熊掌不可兼得"的"二选一"难题吗？针对这一疑问，本书希望通过总结凝练一系列浙江企业践行社会责任、积极助力共同富裕的卓越案例实践，展示"成人达己"的精彩答案。

　　具体而言，本书首先简要梳理企业社会责任的概念定义和基础理论，并探讨社会责任（本书中"社会责任"等同于"企业社会责任"）与共同富裕之间的关系。进而，阐述社会责任助力共同富裕的基本逻辑，尤其是战略性社会责任的基本理论框架以及关键设计原则。在此基础上，带领读者

成人达己：社会责任助力共同富裕

一起走进一系列卓越浙江企业，探索它们是如何在共同富裕背景下既履行了社会责任，又实现了自身可持续成长的。非常值得关注的是，虽然这些企业所开展的社会责任助力共同富裕行动内容各具特色，一些引领科技变革、实现产业共富，一些共建"一带一路"、实现全球共富，一些促进城乡融合、实现乡村共富，一些推动可续创新、实现绿色共富，但它们背后都遵循着一些"社会责任助力共同富裕"的共性原则。在每一个共富型社会责任卓越实践案例中，我们都可以清晰地看到，它们运用自身独特能力或资源，在帮助共同富裕背景下特定利益相关群体解决实际难题的同时，自身也得到了"意想不到"的收获。事实上，这并非"意想不到"，而是"意料之中"，因为这些企业都深刻理解了"社会责任助力共同富裕"的本质内涵——成人达己。

希望本书可以将"成人达己"的商业经营价值理念传递给读者，也希望读者在自身所供职的企业、所热爱的事业中，积极开展共富型社会责任实践创新设计，一起成为引领中国发展的健康力量，助力共同富裕，为实现中国梦而一同奋斗！

目　录

第一章

共同富裕背景下的社会责任

第一节　企业社会责任的内涵

一、企业社会责任的定义

著名经济学家弗里德曼教授早期就企业社会责任的内涵提出过一个重要观点。他认为，企业社会责任就是指企业在遵守游戏规则，即在公开自由竞争、没有欺骗或者作弊的情况下，尽力赚取利润，为股东创造价值的行为表现。[①] 可见，在弗里德曼教授看来，企业的社会责任应当是在法律规则框架下，尽可能实现利润最大化，以符合股东的期望。

然而，随着企业的边界逐渐模糊，越来越多的利益群体与企业形成了紧密的利益关系网络，不可分割。正如弗里曼教授提出，企业必须处理好

---

①　Friedman M. The social responsibility of business is to increase its profits[J]. The New York Times, 1970, 9: 17−17.

与股东、员工、供应商、政府、客户、社区、环境等各类利益相关者的关系，因为它们都对企业进行了专用性投资并承担一定的风险。[①] 每一个利益相关者都可能对企业后续经营管理产生重要影响，而股东只是其中之一，绝非全部。企业与各方利益相关者确定关系，建立互动，往往并不是依赖传统的显性契约，即一纸合约，而是通过构建起包括相互信任、价值认同等隐性契约，来规范相互之间的责任和义务，共同创造财富和价值。因此，相较于弗里德曼教授提出的企业社会责任，基于利益相关者理论的企业社会责任强调要充分考虑多元利益相关者，并将他们的期望价值纳入企业决策过程。相应地，弗里曼教授提出了利益相关者的定义，即能够影响一个组织目标的实现，或者受到一个组织实现其目标过程影响的个人或团体。[②] 自此，越来越多的人意识到，企业经营的目标除了创造利润，还需要为众多利益相关者创造价值。

被大家广为接受的企业社会责任经典定义是由卡罗尔教授在 20 世纪 70 年代末提出的。他把企业社会责任（corporate social responsibility）界定为社会对企业组织提出的有关经济、法律、伦理及慈善等四个方面的期望。[③] 具体而言，经济责任是指企业应当实现持续发展，并为员工提供包括就业岗位等基本保障；法律责任是指企业应当遵守法律法规，符合社会对企业经营的各类基本规范要求；伦理责任是指企业应当在法律规范要求之上，尽可能地不断提升自身经营管理能力，为利益相关群体创造更多价

---

① FT中文网.为什么说弗里德曼的企业学说是错误的？ http://www.ftchinese.com/story/001090568?full=y&archive.

② Freeman R, Liedtka J. Corporate social responsibility: A critical approach[J]. Business Horizons, 1991, 34(4): 92–93.

③ Carroll A. The pyramid of corporate social responsibility: Toward the moral management of organizational stakeholders[J]. Business Horizons, 1991, 34(4): 39–48.

值；慈善责任则是指企业利用自身资源和能力，自愿地向特定利益相关者提供更多有效的支持和帮助。值得一提的是，卡罗尔教授把企业社会责任定义为一种"期望"，即社会群体对企业提出的主观愿望，并不具有强制性。也就是说，社会对企业在经济、法律、伦理、慈善等四个方面都有不同期望诉求，企业应当有所选择地加以回应。

依据卡罗尔教授的企业社会责任定义，广大企业组织应当要思考"如何平衡商业价值和社会价值"，即在达成各项经济发展指标的同时，积极考虑如何在遵守法律法规、倡导商业公德、参与公益慈善、开展环境保护等方面均有所表现，满足多方利益相关者的期望。循着这一思路，越来越多的企业积极投身于慈善捐赠、公益基金、环境保护等社会公益实践，为社会发展贡献了许多力量。

二、企业社会责任的现实状态及意义

2010 年 11 月，国际标准化组织（ISO）举行了盛大会议，向全世界发布社会责任指南标准（ISO 26000）。[①] 值得注意的是，这一标准是 ISO 酝酿十年的成果精华，是其推动全世界关注并践行社会责任的重要成果。在这一标准中，ISO 面对政府、企业、社会机构等众多不同类型的利益相关者，推出了一整套社会责任国际指南标准。具体而言，ISO 26000 指南标准设立了几项关键原则：一是强调遵守法律法规，组织应当愿意并完全遵守该组织及其活动所应遵守的所有法律和法规，尊重国际公认的法律文件；二是强调对利益相关方的关注；三是高度关注透明度；四是强调对可持续发展的关注；五是强调对人权和多样性的关注。根据这一套指南标准，各类组织

---

① ISO 26000 Social Responsibility. https://www.iso.org/iso-26000-social-responsibility.html.

可以更好地选择不同思路和具体做法，将社会责任嵌入其自身发展。此外，ISO 还在 ISO 26000 中附加了一系列自愿性的倡议内容，促使组织充分明确社会责任在组织发展目标中的重要性，并真正将承担社会责任的意愿落地为实际行动。ISO 26000 一经发布，在全球引起了广泛关注，人们开始意识到，应当把社会责任纳入自身所在组织的战略决策。

与之紧密关联，联合国可持续发展峰会于 2015 年 9 月正式推出 17 个可持续发展目标（SDGs），并由联合国 193 个会员国集体倡议，呼吁大家一道行动。[①] 这套可持续发展目标的内容包含消除贫困和饥饿，提升健康与福祉，提供优质的教育资源，推动性别平等，优化清洁饮水与卫生设施，提供廉价和清洁能源，实现体面工作和经济增长，优化工业、创新和基础设施，缩小差距，打造可持续城市和社区，开展负责任的消费和生产，采取气候行动，保护水下生物和陆地生物，打造和平、正义与强大机构，促进目标实现的伙伴关系等。SDGs 寻求地球保护与经济繁荣的有机平衡，以协同的做法有效回应了经济、社会、环境的三重张力难题，让全球发展真正转向和谐可持续的道路。这套 SDGs 目标体系进一步强化了人们对社会责任在企业经营管理中重要性的认知，它也已经成为全球众多企业开展社会责任行动的重要参照标准。

同样值得关注的是，181 家美国知名企业的首席执行官（CEO）于 2019 年在商业圆桌会议上正式联合签署了《公司宗旨宣言书》，尝试着重新定义公司组织的运营宗旨。在这份宣言中，他们首次明确强调，股东利益不再是一家公司追求的最重要目标，而是被"创造一个更美好的社会"所

---

① 联合国经济和社会事务部. 2030年可持续发展议程在"联合国可持续发展峰会"获得一致通过. https://www.un.org/zh/desa/un-adopts-new-global-goals.

替代。基于这一全新目标，企业家应当高度重视自身社会责任感，并尝试通过雇佣不同类型的利益相关群体、公正平等地对待员工并提供优质待遇、不断向客户传递丰富价值、按照商业伦理要求与供应商开展持续商业交易、积极参与各类社会公益慈善事业、充分重视为股东创造长期价值、促进企业实现可持续性发展等方式进行实践。这份宣言引发全球公司组织的高度关注。这意味着社会责任不再是"可选项"，而在某种意义上，已经成为企业健康持续经营的"必答题"。①

近年来，社会责任也已走向我国商业社会的舞台中央。2020年7月，习近平总书记在企业家座谈会上指出："企业既有经济责任、法律责任，也有社会责任、道德责任。任何企业存在于社会之中，都是社会的企业。社会是企业家施展才华的舞台。只有真诚回报社会、切实履行社会责任的企业家，才能真正得到社会认可，才是符合时代要求的企业家。"②此外，2022年3月，国务院国有资产监督管理委员会新成立社会责任局，这一组织架构设计充分彰显出企业社会责任在我国商业社会发展中扮演着不可忽略的新兴角色，同时也向各类商业企业，尤其是国有企业传递重要信号，即企业发展必须树立做强、做优、做大的决心，加快打造世界一流"百年老店"。

根据《金蜜蜂中国企业社会责任报告指数2021》，已有近2000家企业公开发布中文社会责任报告。具体而言，大量企业已从社会责任起步阶段进入追赶阶段，近60%的企业设置了明确的企业社会责任愿景及战略，近40%的企业设置了专门的社会责任管理架构，超过35%的企业董事会或最

---

① Business Roundtable. Redifines the purpose of a corporation to promote 'an economy that serves all Americans'. https://www.businessroundtable.org/business-roundtable-redefines-the-purpose-of-a-corporation-to-promote-an-economy-that-serves-all-americans.

② 习近平. 在企业家座谈会上的讲话. http://jhsjk.people.cn/article/31792294.

高管理层参与、指导或监督公司社会责任管理，超过 25% 的企业把社会责任融入企业业务决策流程。在利益相关者管理方面，自 2010 年以来，绝大多数企业高度重视供应商、环境、客户等方面的社会责任履责情况，特别是信息披露、客户隐私保护、降污减排、捐赠救灾等关键议题。总体而言，我国企业社会责任方面呈现出"战略引领、问题导向、多方共促"等良好态势。

由此可见，社会责任应当成为企业发展目标的重要组成部分，对企业组织甚至国家实现可持续发展具有深远影响。

第二节　企业社会责任与共同富裕的关系

一、共同富裕与社会责任的内在关联

共同富裕的基本内涵是全体人民通过辛勤劳动和相互帮助最终达到丰衣足食的生活水平，是消除两极分化和贫穷基础上的普遍富裕。因此，共同富裕是全体人民的富裕，不是少数人的富裕；是人民群众物质生活和精神生活都富裕，不是仅仅物质上富裕而精神上空虚；是仍然存在一定差距的共同富裕，不是整齐划一的平均主义同等富裕。相应地，共同富裕具有全民富裕、全面富裕、共建富裕、渐进富裕等四个方面的内涵特征。首先，共同富裕是全民富裕，既要"做大蛋糕"，又要"分好蛋糕"；其次，共同富裕是全面富裕，是实现物质富裕和精神富裕的统一；再次，共同富裕是共建富裕，鼓励勤劳创新致富，实现人人共享；最后，共同富裕是渐进富裕，

要求坚持目标导向，逐步实现共同富裕（见图 1-1）。①

图 1-1 共同富裕的概念内涵

共同富裕应当体现共享性、发展性和可持续性的统一。具体而言，共享性是共同富裕的核心元素，必须体现"共同""公平""平等"等元素。发展性是实现共同富裕的前提，发展不仅是解决我国一切问题的基础和关键，也是实现共同富裕的基本条件。可持续性是实现共享性和发展性的基础。要实现可持续性，就必须确保发展与环境、资源、社会等要素间的协同平衡，不能仅依靠加重个体负担来实现整体承诺，而必须共生共荣。

从上述概念界定和特征阐述可见，虽然共同富裕和企业社会责任诞生于不同领域，但两者之间存在着紧密的理论和实践联系。首先，从学理角度来看，共同富裕与企业社会责任均聚焦"如何实现多方利益相关者共赢"的理论问题。企业社会责任特别关注企业作为行动主体，如何对利益相关者开展有效管理，而共同富裕则更突出对利益相关者管理的最终结果。

其次，从实务角度而言，一方面，共同富裕是企业履行社会责任的社会总体表现。当不同企业都发挥自身独特能力，使所对应的关键利益相关

---

① 雷鸣. 共同富裕的内在逻辑与现实选择. http://zqb.cyol.com/html/2021-11/09/nw.D110000zgqnb_20211109_2-02.htm.

者提出的期望得到有效回应或满足的时候，社会整体就能够朝着共同富裕迈进一大步。不同利益相关者之间相互协同、取长补短，这是"共建富裕"的重要表征。另一方面，履行社会责任是社会实现共同富裕的关键途径。共同富裕要实现全民富裕、全面富裕，就必须尽可能地发挥各类企业组织的主观能动性。换言之，当每家企业都在积极尝试创造更加丰富的社会价值时（如帮扶相对弱势群体获得提升和发展机会），全社会实现共同富裕就有了充分保障。正如党中央提出构建初次分配、再分配、三次分配协调配套的基础性制度安排，基于自愿原则下社会机制作用的资源分配方式（尤其是企业开展的各类社会责任实践）扮演着越来越重要的角色，这种分配方式是对市场机制分配和政府机制分配的有效补充。因此，积极履行社会责任应当成为企业助力共同富裕的重要形式。

二、社会责任助力共同富裕的关键场景

共同富裕是全体人民的富裕，应当给予处于相对弱势地位的利益相关者更多关注，不仅是物质富裕，还必须重视精神富裕。因此，对于大量企业而言，开展以助力共同富裕为导向的社会责任实践，是自愿参与第三次分配的积极行动。与此同时，第三次分配讲求创新、有效，形成多方、多维的幸福感和获得感，真正实现人、组织、社会的全面发展。企业开展社会责任助力共同富裕，就应当充分把握好上述要点，识别出最匹配的社会责任关键实践场景。因此，在共同富裕背景下，以下四个方面的利益相关者对象最值得广大企业重点关注。

首先，共同富裕重视民生福祉，即要尽可能地"做大蛋糕"。因此，企业应当一方面高度重视不断提升自身创新变革能力，另一方面积极带动产

业供应链上下游的伙伴们提高平均水平，追求产业共富。

其次，共同富裕不分国界，倡导构建命运共同体。因此，对于开展海外业务经营的企业，尤其是对投身于共建"一带一路"高质量发展的企业而言，应当积极践行"共建、共享、共赢"，实现全球共富。

再次，在共同富裕倡导全民富裕的指引下，企业应当特别关注处于相对弱势地位、位于乡村及偏远欠发展地区的各类利益相关者，缩小城乡差距，帮助弱势群体，促进乡村共富。

最后，要同时实现物质富裕和精神富裕，企业应当在创造各类经济价值的同时，重视为各类利益相关者带来环境、文化等维度的发展，如引领先进社会文化，倡导绿色可持续发展，推动绿色共富。

因此，本书认为，企业可以在上述"产业共富""全球共富""乡村共富""绿色共富"等关键场景中发挥独特作用，通过开展共富型社会责任实践的方式，为实现共同富裕做出实质性贡献（见图 1-2）。

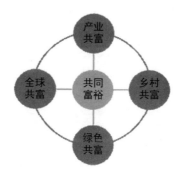

图 1-2 社会责任助力共同富裕的关键场景

第二章

社会责任助力共同富裕的基本逻辑

第一节　战略性社会责任

著名战略管理学者、哈佛大学商学院波特教授于 2006 年提出了战略性社会责任（strategic corporate social responsibility）的概念，引起全球广泛关注。他认为，以往企业社会责任总是通过一次次独立于企业日常经营管理的特殊实践活动来履行，比如最常听闻的捐一所学校、做一次环保公益等。这样的活动固然是对社会有益的，能够在一定程度上为特定利益相关者提供帮助，但与企业自身发展的关联相对较弱。更糟糕的是，这些社会责任实践还可能会使大家误以为，企业社会责任就是企业受外部利益相关者强迫而付出的成本，即不得不做之事。而事实上，波特强烈呼吁人们改变这样的想法，企业的社会价值和商业价值是可以相互兼容的，管理者应当将社会责任纳入企业的战略管理过程。因此，他提出了战略性社会责任，即企业应当把社会责任与企业日常经营管理有机地融合起来，把社会责任注入企业价值链的各个模块。①

波特进一步强调，企业不需要对所有的问题负责任，它们也没有那么多资源来解决所有的问题。每个企业应该辨识出一些特定的、企业最有能力来帮助解决的社会问题，而且在解决这些社会问题的过程中，企业能够获得最大的竞争性收益。因此，战略性社会责任应当被精心设计和实施。相应地，波特倡导企业应当基于自身价值链进行分析，尽量发挥自身能力专长，或运用自身具备的独特资源，在帮助核心利益相关者解决特定社会问题的同时，提升自身核心竞争优势。例如，对于一家人力资源外包服务初创公司而言，它的价值链模块组成很简单，就是擅长提供人力资源服务。在波特看来，这家企业最适合履行的社会责任实践应当与这个独特价值链模块紧密关联。比如，它可以向社会提供更可持续的人力资源发展方案，或者帮助人们找寻到最匹配的工作岗位。这些都是这家企业的战略性社会责任实践。事实上，相较于大额的金钱捐赠，这些也是它力所能及且能够做得很好的社会责任实践。

为了更好地理解企业应该如何设计、实施和评价战略性社会责任，在波特战略性社会责任概念的基础上，学者进一步提出了战略性社会责任的四个关键特征，即向心性、适当性、前瞻性和可见性。具体而言，向心性是指社会责任活动要与企业战略紧密关联，服务于企业战略目标；适当性是指社会责任活动应与企业的核心能力或独特资源相匹配，是企业最擅长且能做好的；前瞻性是指社会责任活动应具有创新性，可以反映企业在一

---

① Porter M, Kramer M. Strategy & society: The link between competitive advantage and corporate social responsibility[J]. Harvard Business Review, 2006, 84(12): 78-92.

定范围内（如行业或地区）的领先地位；可见性是指社会责任活动应可以被外部核心利益相关者直接观察或感受到，甚至邀请他们参与其中。同时具备上述四个特征的社会责任活动可以被称为真实有效的"战略性社会责任"（见表2-1）。

表 2-1 战略性社会责任设计原则

设计原则	关键问题
向心性	这项社会责任活动与企业的战略目标是否紧密关联？
适当性	这项社会责任活动与企业的能力和优势是否匹配？
前瞻性	这项社会责任活动是否在行业内具有创新性？
可见性	这项社会责任活动是否能够被利益相关者有效识别并认可？

总而言之，波特教授提出的这一战略性社会责任思路迅速得到业界广泛认同和响应。事实上，波特的这一观点与我国传统文化经典《论语》中所倡导的"成人达己"理念异曲同工。"成人达己"告诫我们，成就他人是发展自己的关键路径。至此，企业社会责任正式进入"战略时代"，即要把社会责任有机地融入企业可持续发展的大局，两者是你中有我、相辅相成的关系。

第二节 社会责任助力共同富裕的行动框架

一、战略性社会责任助力共同富裕

正如波特教授解读战略性社会责任时所强调的，企业不需要对所有的问题负责任，它们也没有那么多资源来解决所有的问题。每个企业应该辨识出一些特定的、企业最有能力来帮助解决的社会问题，而且在解决这些社会问题的过程中，企业能够获得最大的竞争性收益。

循着这一战略性社会责任思路，本书倡导，企业助力共同富裕的行动不应当仅仅局限于向社会或特定利益相关者捐赠金钱。当不同企业都可以充分运用自身独特能力或竞争优势帮助某一个或某一些利益相关者解决他们的实际关切时，从社会整体来看，就可以形成"拼图效应"，即所有急需得到帮助或支持的利益相关者都能够获得相应资源或能力支持，实现助力活动数量和质量的双提升。更重要的是，在战略性社会责任行动中，企业绝不是单纯地"拿出资源、消耗资源"，而是有效地运用手头的资源和能力来回应利益相关者的期望，从而获取更加丰富的、可持续的长期商业价值。

因此，以实现社会价值和商业价值双赢的战略性社会责任为目标应当成为企业积极助力共同富裕的重要行动策略。

二、社会价值与经济价值双赢的行动框架

战略性社会责任强调，社会价值和商业价值是可以相互兼容的，但绝不能用一套通用标准来指引所有企业实现这种平衡。与之相应地，在共同富裕背景下，每家企业都应当从分析自身的战略目标、核心能力、独特资源和竞争优势入手，进而清晰识别与自身发展最紧密关联的、急需支持帮扶的关键利益相关者，充分理解他们的真实期望诉求，尝试着运用自身所长，开展有效的战略性社会责任行动设计，在帮助他们有效解决问题的同时，进一步巩固和提升企业自身的核心竞争优势，实现社会价值与经济价值双赢，助力社会总体实现共同富裕。

具体而言，企业想要通过承担社会责任实现社会价值与经济价值共赢、助力共同富裕，首先必须清楚地回答"企业具备哪些核心能力或独特资源"

这一问题。通过清晰识别自身所具备的核心能力和独特资源，每家企业可以把自身与其他企业有效地区分开来，并在后续社会责任实践中，用自身所长来回应与自身最紧密关联的利益相关者，这也是确保企业能够"把好事做好"的重要基础。

其次，企业应当结合自身核心能力和独特资源，回答"企业最适合回应共同富裕四个关键场景，即'产业共富''全球共富''乡村共富''绿色共富'中的哪一个场景"以及"回应哪些关键利益相关者的期望诉求"等问题。具体而言，对于具备突出技术创新能力的企业而言，最适合回应"产业共富"场景，开展引领产业科技变革的社会责任行动，带动供应链上下游技术能力创新升级；对于具备全球运营能力的企业而言，最适合回应"全球共富"场景，尤其是参与共建"一带一路"；对于具备独特教育、医疗、市场渠道等资源的企业而言，最适合回应"乡村共富"场景，促进实现乡村教育与医疗公平，带动乡村特色经济发展；对于具有自然和人文环境创新能力的企业而言，最适合回应"绿色共富"场景，开展环境友好型创新商业活动（见表2-2）。

表2-2　战略性社会责任匹配共同富裕场景

企业能力特征	战略性社会责任实践	共富结果
技术创新能力	引领科技变革：带动供应链上下游技术能力创新升级	产业共富
全球运营能力	共建"一带一路"：参与"一带一路"共建国家共同发展	全球共富
独特教育、医疗、市场渠道等资源	促进城乡融合：促进教育医疗公平，带动乡村特色经济发展	乡村共富
自然和人文环境创新能力	推动绿色创新：开展环境友好型、可持续的创新商业活动	绿色共富

最后，企业应当结合战略性社会责任的四条关键原则，即回答向心性"这项社会责任行动与企业的战略目标是否紧密关联"、适当性"这项社会

责任行动与企业的能力和优势是否匹配"、前瞻性"这项社会责任行动是否在行业内具有创新性"、可见性"这项社会责任行动是否能够被利益相关者有效识别并认可"等一系列焦点问题，确保社会责任行动体现"成人达己"的战略属性（见表2-3）。

表2-3　社会责任助力共同富裕行动框架

分析维度	关键问题
共富特色	这项社会责任行动可以回应哪个共同富裕的关键场景？
核心能力／资源	企业具备哪些核心能力或独特资源？
关键利益相关者	可以回应哪些关键利益相关者的期望诉求？
向心性	这项社会责任行动与企业的战略目标是否紧密关联？
适当性	这项社会责任行动与企业的能力和优势是否匹配？
前瞻性	这项社会责任行动是否在行业内具有创新性？
可见性	这项社会责任行动是否能够被利益相关者有效识别并认可？

本书认为，当一家企业可以依据上述行动框架回应一系列焦点问题时，就能够融合自身所长，回应核心利益相关者之需，用战略性社会责任实践来助力共同富裕的实现。

接下来，本书将具体剖析多家具有代表性的浙江企业如何运用它们各自的独特优势及核心能力，承担包括"引领科技变革""共建'一带一路'""促进城乡融合""推动绿色创新"等四方面战略性社会责任，实现社会价值和商业价值共赢，真正助力"产业共富""全球共富""乡村共富""绿色共富"。本书期望这一系列社会责任助力共同富裕的"成人达己"故事可以提供丰富的行动思路和一系列值得借鉴参考的实践方案（见图2-1）。

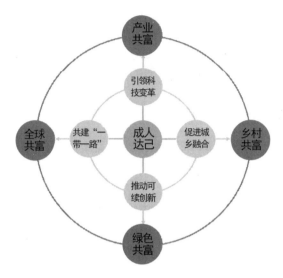

图 2-1　社会责任助力共同富裕的关键场景

第三章

引领科技变革，助力产业共富

　　包括方太、奥克斯、财通证券、农夫山泉、双枪、鲜丰水果、三替、贝达药业等一大批浙江企业运用自身独特能力和资源，在各自行业中扮演着领导者的角色。它们创新能力出众，不断推出具有行业变革引领性的产品或服务。更重要的是，它们善于运用自身的科技创新能力，带动供应链上下游各类利益相关者获得更加广阔的成长空间，促进产业供应链整体实现共同富裕。这些企业的卓越实践体现了"利用自身科技创新能力优势，通过引领行业科技变革，带动多方利益相关者实现共富"的第一种共富型社会责任实践路径，并反过来帮助自身实现可持续发展。接下来，本书将带领大家一一走进这些案例企业，了解它们是如何做到将社会责任和创新发展相融合，带领大家实现产业共富的。

第一节 方太——"人人共享"的"方太模式"

履行社会责任没有终点，方太将不断努力完善自我，为了亿万家庭的幸福，奋力前行。

——方太董事长茅忠群

一、方太创业发展史

方太集团是一家以智能厨电为核心业务的企业，成立于1996年。一直以来，方太把人品、企品、产品"三品合一"作为核心价值观，将"为了亿万家庭的幸福"作为使命，坚持"专业、高端、负责"的战略性定位，专注于集成厨房、吸油烟机、电磁灶具、燃气灶具、消毒碗柜、燃气热水器等领域，目标是成为厨房品牌的全球领先者，成为一家伟大的企业。

方太拥有员工1.6万余人，拥有大量国际知名和国内领先的设计师及团队，掌握德国、意大利等原装进口高端厨房生产设备及国际先进工业制造技术。同时，方太已经在全国200多个城市建立了117个分支机构，与近千家地产企业建立了合作伙伴关系，已经成功交付了超过1.2万个精装项目，与万科、碧桂园等200余家知名房地产企业签订了战略合作协议，共同推动精装地产行业实现高品质发展。①

二、公司社会责任评析

方太一直注重推动创新发展，20余年来一直积极引领产业创新、持续

---

① 方太官网. https://www.fotile.com.

构建共赢生态网络，设立了"视顾客为亲人，视产品为生命"的研发方针。方太为了不断推动创新，每年投入不少于销售收入 5% 的研发经费，用于开发和引进更加先进的产品理念、开发模式、设计方法等。方太还专门设立了重大技术创新奖等近十项奖项，用于表彰相关领域重大科技创新成果。截至 2020 年底，方太拥有了一支强大的厨房电器领域专家研究团队，共有研发人员 825 人。2020 年，方太全年共获得了国内授权专利 1134 件，充分彰显其前沿科研创新能力。

不仅如此，方太还努力从国家和社会的角度出发，尽自己最大的能力为构建社会主义和谐社会贡献力量。方太积极创建劳动关系和谐企业，构建政企亲清关系；积极推动社会公益，结合方太自身特质打造新型慈善，独辟蹊径，从传播中华优秀文化切入，弘扬社会正能量。2010 年至今，方太已拥有"我陪孩子读经典""国学图书室"两大公益项目，并长期推进方太文化体验营项目。另外，方太每年制定教育支持规划，促进教育事业的发展。2009 年至今，方太累计出资 100 余万元对浙江、甘肃、新疆等地的学校开展助学关爱活动。

此外，方太长期践行环保理念，崇尚绿色发展。在产品上使用减少环境污染和使用成本的革命性环保新技术，如方太云魔方油烟机，凭借革命性的蝶翼环吸技术被评为中国吸油烟机"高效净化环保之星"。方太还积极承担与大气污染成因分析和管控机制等相关的国家"十三五"重点研发计划项目等。

三、方太全方位助推民营经济和共同富裕

方太于 2021 年发布"方太助力共同富裕计划"，首次提出方太社会责

任行动方案。这一"方太模式"凝练出方太助力共同富裕的重要思路,即开启人人参与、人人共享的全员参与新格局;聚焦特色、多方协作的企业参与新方式;构建以人为本、惠及内外的文化建设新体系;探索实践优化、循序渐进的可持续发展新路径。

方太提出,从支持员工自身成长、教育提升、幸福建设等方面入手,创新组织文化建设。具体而言,员工成长不应当仅仅是涉及工资等一次分配提升,还应当让他们更好地参与企业业绩成果共享,并提供大量培训机会,促使员工们不断提升自身专业素质,形成能够推动自身持续进步的学习能力。此外,方太还打造了面向企业 2 万余员工的幸福工程,旨在持续提升他们的各类收入,不断扩大达到中等收入水平的员工比例(方太提出的目标是,2025 年税后年收入达到中等收入水平的员工比例超过当地政府目标 10 个百分点以上)。此外,员工还可以获得丰富的额外职业发展福利等。①

值得一提的是,方太坚持以"幸福社区共建公益联盟"为依托,把"十年共建一万个幸福社区"作为一项重要目标,推进打造幸福社区。方太在浙江省内已经成功推出了许多环境优美、文明和谐、守望相助、自主自治的新型示范社区,力争打造更多产业兴旺、生态宜居、乡风文明、治理有效、生活富裕的幸福示范村。方太正在不断尝试,加强企业文化资产与业务发展的深度融合,在运营新模式方面开展探索,全力推进幸福社区、幸福示范村的建设,打造方太文化特色项目和示范工程。

方太提出"方太助力共同富裕计划",并启动教育基金计划和贫困助学计划,来专门回应外部利益相关者对教育和慈善领域的关注和期望。具

---

① 倪王镇. 方太启动员工成长、教育支持、慈善救助等十项行动计划. https://finance.sina.com.cn/roll/2021－12－10/doc－ikyakumx3171620.shtml.

体而言，方太向致力于传播中华优秀文化和国学教育的学校和机构提供资金捐赠和物资援助，支持中国教育事业的发展，并积极资助贫困学生，鼓励寒门学子自强自立，顺利完成学业，实现人生价值，走上致富和创富的道路。

为了顺利实现上述共富行动目标，方太幸福公益基金委专门投入1亿元启动资金，同时每年将把不少于2%的公司利润投入这一基金，并专门组建方太助力共同富裕计划委员会，真正做到资源、组织、人才等多方面全面保障，助力实现共同富裕。[①]

表3-1将方太通过社会责任助力共同富裕的实践表现及启示加以归纳总结。

表3-1 方太社会责任助力共同富裕分析

分析维度	具体表现
社会责任行动	方太发挥自身产品创新能力，打造人人共享、多方协作模式，实现产业和地区可持续发展
共富特色	产业共富
核心能力/资源	先进的产品、强大的创新能力
关键利益相关者	员工、社区居民、政府
向心性	有利于激励员工、增加企业产品的销售，直接增加企业的收入
适当性	方太本身的业务范围使其与社区的联系非常紧密，适合开展创建幸福社区的活动；方太承担社会责任活动经验丰富
前瞻性	打破了传统的由政府主导建立新型社区的模式；打破了只有一般教育及其相关硬软件企业才会聚焦教育方面慈善的固有印象
可见性	方太产品在众多方面的性能显著超越其他品牌；方太对教育和文化的坚持逐步让更多人看到方太的初心
总体成效	方太创新模式独特，品牌价值优越，成为厨房领域创新实力最为雄厚的生产厂家之一

---

① 宁波前湾新区管理委员会.方太发布助力共同富裕五年行动纲要.http://www.hzw.gov.cn/art/2021/12/9/art_1229499986_58933320.html.

续表

分析维度	具体表现
评价启示	方太做好自身的产品是最重要的，精雕细琢，不断创新，造福于顾客的同时获得更好的发展。此外，方太针对关键利益相关者设计有特色的社会责任行动，取得事半功倍的效果。一家企业要想被社会认可，不能仅靠短期的行动，而要将有特色的社会责任行动长久地做下去

四、方太社会责任行动影响

方太对产品的精益求精和不断创新使其产品质量雄踞产业头部，赢得了消费者的广泛青睐，企业也因此越做越红火。因为具备突出的创新能力以及品牌价值，方太在2014—2020年连续七年入选亚洲品牌500强。同时，方太集团也在2019年胡润中国500强民营企业榜单中斩获第443位。

更为重要的是，方太在面向员工、居民、行业内其他参与者开展的各类社会责任行动中，都充分发挥了自身能力优势，改变了行业企业经营的传统模式，带来了许多全新发展模式，如员工与企业共成长等。这些都为传统的厨具生产行业带来了新活力。

2010年至今，方太创办的"我陪孩子读经典""国学图书室"两大公益项目已经连续开展超过十年，这些公益项目在培养孩子们对国学经典的热爱、传播中华优秀传统文化等方面起到了很好的示范作用。值得一提的是，2005年以来，几乎每一次地震、洪水、疫情过后的重建工作都会有方太人的身影，方太和方太人已经在全社会留下了非常好的口碑，这也是方太能够跻身厨房领域企业领导者的原因之一。

第二节　奥克斯——引领行业健康新潮流

一个企业要始终保持初心，不可以忘记自己的社会责任，在环保和慈善方面都应当起到表率的作用。

——奥克斯董事长郑坚江

一、奥克斯创业发展史

奥克斯集团始创于 1986 年，产业涵盖家电、电力设备、医疗、地产、投资等领域，连续多年入选中国企业 500 强，2018—2020 年，三年空调累计销量居全球前三。2020 年，集团营收 706 亿元，总资产 612 亿元，员工 3 万余名，拥有 11 大制造基地，五大研发中心，投资及运营医疗机构 29 家。

奥克斯旗下拥有两家上市公司：三星医疗与奥克斯国际，是国家认定的企业技术中心、国家级技术创新示范企业、国家级知识产权示范企业和博士后工作站常设单位。持有奥克斯、三星两个享誉全球的知名品牌，品牌价值超 380 亿元。[①]

多年来，奥克斯坚持以品质和服务赢取市场认可，以科研实力和创新精神构筑品牌优势，不断实现产品迭代，并通过高质量、高性价比的产品与售后服务回馈广大消费者，构建起独有的家电商业市场格局。

面向新的时代，奥克斯秉承"创领智能生活，培养优秀人才"的企业使命，力争实现"千亿市值、千亿规模、百亿利润"战略目标，以"让奥克斯成为世界品牌"为企业愿景，落实"精确、高效、务实、简单""机会来自

---

① 奥克斯官网. http://www.auxgroup.com.

业绩"的企业价值观，立志成为世界著名企业。

二、公司社会责任评析

奥克斯在引领产业创新、推动公益慈善以及践行绿色环保等多个社会责任方面都有比较丰富的行动表现。

首先，奥克斯在推动创新发展、引领产业创新方面，取得了众多新进展。奥克斯敢于引领行业革命，首创"互联网直卖空调"的全新模式，从而有效地减少甚至去除中间渠道无法避免的大量代理成本。互联网直卖模式把利益让渡给顾客，也通过倒逼促使许多奥克斯经销商开始转型。[①]

其次，奥克斯积极推动开展社会公益活动和新型慈善活动，促进社会和谐。多年来，奥克斯投身新型慈善事业，已经完成公益捐款 2.09 亿元，涉及公益环保、教育优化、农村扶贫、灾难救济等方面。值得一提的是，奥克斯在全国各地发起了众多教育扶持项目，帮助中小学教育机构筹集物资，援建各类校舍，帮助贫困学生们重获受教育机会。奥克斯还积极响应各类政策号召，与一些急需帮扶的地区结对联络，通过产业扶贫的新兴方式来引领这些地区焕发全新发展生机。

最后，奥克斯坚持践行绿色环保，参与环境保护活动，推动可持续创新。奥克斯推广环保实践优化、引领产业创新变革，于 2020 年推出突破传统技术的机芯可拆洗空调，从传统空调机芯不能拆卸不易清洗的用户难点出发，真正回应顾客对清洁、健康、优质环境的期望诉求。从技术的角度来看，奥克斯独创的易拆洗空调，科技含量十足，包含了 500 多项专利，

---

① 21世纪经济报道. 奥克斯：创新驱动智能制造变革. https://finance.eastmoney.com/a/201909271250400657.html.

攻克了包括空调蒸发器、风道和风叶清洗等困扰行业专家已久的技术难题。凭借这些新兴技术，用户可以非常轻松地实现一分钟拆机清洗，从而保证了空调空气的清新健康。更加令人惊喜的是，奥克斯的这些原创元素，不仅为用户增添了健康体验，也能更好地实现节能效果，大幅降低能耗。①

三、奥克斯关注健康，引领可拆卸清洗空调新潮流

奥克斯作为中国企业 500 强，资金、人才、科技资源充足，优势突出。2018—2021 年，奥克斯空调累计销量全球排名前三。特别是最近几年，奥克斯更是充分发挥自身积蓄已久的科研能量，为打造健康空调产品、引领健康自然生活而全力以赴。②

特别是在新冠疫情暴发背景下，人们的疾病防范意识不断增强，对健康呼吸提出了更高的要求。相应地，越来越多的消费者在选择空调时，会把健康作为排位第一的重要关键词。但与此同时，市场上还没有出现把空气净化、自主清洁、新风管理等作为核心功能的全新一代空调产品。

这对于擅长开展创新突破的奥克斯科研团队而言，正是一个充分展现自身能力的契机。具体而言，他们首先聚焦如何依靠空调来有效改善室内空气质量的难题。依托奥克斯前期打造的科技研发基地以及保障资金等资源，研发团队真正践行"急客户所急"，于 2020 年 6 月推出了拥有"清芯净"机芯的可拆洗空调。③ 该款产品打破了传统空调的功能局限，采用了全

---

① 江西网络广播电视台.奥克斯：坚持创新是制造业发展的"助推器". http://cn.chinadaily.com.cn/a/202008/13/WS5f34dde2a310a859d09dda9c.html.

② 经济日报－中国经济网.打造健康生活环境奥克斯"清芯净"机芯可拆洗空调首发. https://baijiahao.baidu.com/s?id=1668298025054492487&wfr=spider&for=pc.

③ 经济日报－中国经济网.奥克斯机芯可拆洗空调缔造室内健康新环境. http://bgimg.ce.cn/cysc/zgjd/kx/202006/01/t20200601_35019120.shtml.

新的空调结构设计，如新型卡扣设计等。这些全新设计使用户可以自主轻松地拆解空调，用清水即可完成空调机芯的清洁工作。此外，这一机芯设计还融入了零风感以及高温杀菌等功能，使空调的功能组合有了显著拓展。这一创新直接颠覆了传统空调的使用体验模式，并让"空调清洁难"这一麻烦事得到了实质性改善，真正为行业打开了清洁技术突破的"一扇门"。

值得一提的是，这款全新设计的空调一经推出，就在抗击新冠疫情的战斗中发挥了重要作用。奥克斯大力援助湖北，向湖北黄石地区的 18 家医疗防疫机构捐赠了大量新型空调设备，使医护人员可以聚精会神抗击疫情，不再担心周围环境空气健康等问题。此外，奥克斯还向所有援鄂医护人员提供购买新型空调的大幅度优惠等。

空调领域业界对奥克斯推出的创新产品给予了充分肯定，先后将 AWE 艾普兰"优秀产品奖""年度红顶最佳设计奖""中国家电健康之星"等重要奖项颁发给奥克斯。奥克斯的这些健康理念与技术创新结合的实践，也彻底改写了空调行业的既有知识体系和创新模式，让大家清晰地看到，科技创新可以重塑市场期望。在企业努力探索为客户带去多元健康价值的同时，企业自身也可以得到更出色、可持续的未来发展。奥克斯正是这样，引领社会走进一个全新的健康空调时代。

表 3-2 将奥克斯通过社会责任助力共同富裕的实践表现及启示加以归纳总结。

表 3-2　奥克斯社会责任助力共同富裕分析

分析维度	具体表现
社会责任行动	奥克斯引领行业重新认知健康空调，推动健康技术创新，打造健康空调
共富特色	产业共富

续表

分析维度	具体表现
核心能力/资源	充足的资金、人才、科技设计与创新资源
关键利益相关者	政府、消费者、同行业其他企业
向心性	通过科技创新继续开拓家电市场，对企业发展意义重大
适当性	奥克斯技术实力雄厚，研发能力处于行业先进水平，极具研发优势
前瞻性	奥克斯率先解决了如何简易拆卸清洗空调这一空调市场痛点，推动空调产业乃至整个中国制造业的快速发展
可见性	运用可拆卸机芯技术，空气质量提升，用户体验明显改善，空调市场发展复苏
总体成效	奥克斯成为国内空调品牌领军企业，引领一个新的健康空调时代
评价启示	奥克斯关注消费者需求与行业痛点，并投入大量的资源进行攻克，最后通过创新解决难点，实现经济、社会效益双丰收。企业要密切关注市场动向、注重科技创新，敢于闯无人之境，敢于进行坚持问题导向、回收周期长的项目投资，通过量的积累实现质的飞跃

四、奥克斯社会责任行动影响

奥克斯将社会责任作为企业发展的突破口，创新性地推出可拆卸清洗的空调，对企业而言，赢得了市场份额增长的契机与行业口碑；对消费者群体而言，奥克斯解决了新冠疫情暴发以来困扰消费者的室内空气净化问题，让消费者获得了更绿色、健康的空调使用体验，提高了幸福生活指数与可持续发展指数；对空调行业而言，奥克斯为复苏持续低走的空调市场提供了一个明确的方向，有利于行业重回高歌猛进的时代，推动空调产业实现产业共富。总而言之，奥克斯的此次突破是一次共富大背景下的多方利益相关者的共赢，树立了以"科技创新解决问题"路径实现产业共富的榜样，具有可持续发展性。

历经长期创新征战，奥克斯已经从过去一家空调品牌企业，逐步蜕变成为一家科技创新驱动、国际化发展布局、不断产出高科技、可持续发展新产品的科技型企业。从奥克斯的成长历程中不难发现，激活包括人才、资金、政策等创新元素，进而运用自身的专长能力，与周围其他合作伙伴一同打造创新生态系统，实现组织持续迭代转型，是赢得创新胜利的核心。宁波市鄞州区政府部门负责人引用一句古话"富有之谓大业，日新之谓盛德"对奥克斯的发展做出了完美概括。[①]

第三节　财通证券——金融"子弟兵"和"家庭医生"

我们在财富管理里面有一个非常重要的社会责任，就是怎么样把这个行业守正带正。

——财通证券原董事长陆建强

一、财通证券创业发展史

财通证券股份有限公司是一家经中国证券监督管理委员会批准设立的综合性证券公司，前身为1993年成立的浙江财政证券公司，于2017年10月24日在上海证券交易所挂牌上市，现为浙江省政府直属企业，总部设在浙江省杭州市，注册资本35.89亿元。

公司经营业务主要是中国证监会核准的证券相关业务，拥有140多家证券分支机构，主要分布在浙江省内各市县以及全国一、二线城市，旗下设6家子公司。截至2020年12月30日，公司合并报表总资产966.59亿元，归属于母公司净资产234.57亿元。

---

① 孙佳丽. 奥克斯：别出心裁引导行业变革. https://m.gmw.cn/2020-10/07/content_1301642003.htm.

财通证券的核心优势主要集中体现在其业务能力上，公司拥有实力雄厚的股东背景、务实进取的精英团队、丰富多元的产品布局以及科学严密的风控机制。[1] 公司坚持"深耕浙江、集团化发展、科技发展、人才发展、文化品牌"五大发展战略，以客户为中心，服务实体经济发展，服务百姓理财，致力于做"更接地气的本土专业投行"，成为"更贴心的财富管理专家"和"更懂你的综合金融服务商"。

二、公司社会责任评析

一直以来，财通证券作为浙江唯一省属券商，在发展历程中始终牢记国有企业的使命，积极推动创新发展，引领产业创新。具体而言，财通证券除不断提升自身主业能力，即金融服务能力之外，还高度重视将自身嵌入所在地区的经济发展总布局，为当地经济创新发展注入新动能。财通证券特别重视所在地区的各类利益相关者提出的差异期望，坚定自身服务好实体经济和美好生活的初心，用心地把各类利益相关者期望融入自身发展，真正做到用实际行动把"财通人和"解读给员工、客户等利益相关者。

首先，财通证券带领首创的"金融顾问制度"走出浙江，为西部地区带去了福音。所谓"金融顾问制度"，是浙商总会、浙江省援疆指挥部等与新疆阿克苏地区行政行署和兵团一师阿拉尔市政府共同签署的《金融顾问合作协议》中涉及的重要内容。依托这一协议，财通证券把"金融顾问制度"带到了新疆阿克苏地区和兵团一师阿拉尔市。运用自身金融领域专长知识，帮助西部地区快速构建起自身可寻求后续发展的能力，正是所谓"授人以渔"式的援疆创举。除了面向西部地区的"金融顾问制度"，财通证券还精

---

[1] 财通证券官网. https://www.ctsec.com.

心推出了"千企结千村、消灭薄弱村"以及"一司一县"等精准帮扶计划。财通证券通过社会责任实践，与江西余干、四川剑阁等多个经济相对落后的县域，以及浙江衢州常山县濛桥村等多个乡村构建起长期结对帮扶伙伴关系。

其次，在积极承担外部社会责任的同时，财通证券非常重视赋能公司员工，让他们也真正参与公益实践，感受帮助他人的价值。为此，财通证券推出各类创新机制，打造公益文化，在国家和社会迫切需求指引下，为员工们提供参与公益实践的丰富机会，并巧妙地将公益服务和自身业务发展有机融合起来，促使企业可持续发展能力显著提升。

最后，在新冠疫情暴发之际，财通证券高度重视经济发展和疫情防控两手抓的重要思想，清晰地意识到，疫情应对不仅仅是单家企业的行动，还必须把不同利益相关者联合起来，共同行动。因此，财通证券快速响应，推出各类金融惠企政策以及疫情防控债等新兴服务，特别是为多家防疫物资生产企业争取到了如延长股票质押期限、新增质押融资等支持政策，从而帮助各类服务企业更好地应对疫情困境。

三、财通创新金融服务模式，推动产业发展

财通证券将创新作为其企业核心价值观之一，将"务实创新是财通持续发展的推动力量"奉为经营宗旨，强调"秉持专业，智创价值；创新理念，创新机制，创新模式，创新路径"。针对用户这一核心利益相关者，财通证券不断探索创新金融服务模式，以求提高服务质量。与此同时，也引领了产业创新。

财通证券依靠首创并实推的"金融顾问制度"，已经成为众多地方政府

和各类企业的重要合作伙伴，帮助这些利益相关者实现金融服务转型和创新。依托"金融顾问制度"，财通证券为利益相关者量身定做，参照法律顾问的服务方式，围绕客户需求和价值提出金融专业服务策略。通过金融专家现场入驻，帮助客户企业在金融防疫意识、融资发展策略等方面实现明显改善。财通证券基于前期经验，推出了包含15项服务决策的特色服务清单，并由地方政府或各类企业根据自身需求来配置综合金融解决方案。这一重服务、重个性的金融服务模式，得到了政府和企业的双向欢迎和认可，有效地推动了地方性供给侧结构性改革，并牵头帮助浙商做好做强金融链，为实现浙江省高质量发展提供保障。从实践结果来看，财通证券积极成为政府部门或特定行业企业的产业专家顾问，协助浙江新能、李子园等多家企业成功完成IPO上市。可见，财通证券在浙江省区域经济发展中已经扮演着非常关键的综合金融服务角色。

同时，财融证券积极寻求与蚂蚁金服等众多优秀行业企业开展战略协作，共同探索打造数字生态证券。就具体内容而言，财通证券在国际业务、财富管理等新兴领域，与蚂蚁金服一同打造新兴金融科学技术产品，双方各自发挥独特优势，产出了一系列全新实践，如共同打造新业务、探索新模式、共享客户服务资源、共创资本市场新规范等。财通证券花费了大量努力，打造了这一系列超越金融服务企业传统做法的创新实践，给行业真正带来了数字化动能。必须强调的是，这些新实践不仅使行业受益，也帮助财通证券自身在与互联网企业的协同中，解锁了全新数字生态，促进其新阶段战略目标的实现。

表3-3将财通证券通过社会责任助力共同富裕的实践表现及启示加以归纳总结。

表3-3 财通证券社会责任助力共同富裕分析

分析维度	具体表现
社会责任行动	财通证券首创"金融顾问制度"，为地方和公众提供长期金融支持
共富特色	产业共富
核心能力/资源	优秀的新兴金融业务创新与服务能力、多元的产品布局
关键利益相关者	政府、消费者、同行业其他企业
向心性	金融服务模式创新有利于提高服务质量，推动可持续发展
适当性	财通证券拥有实力雄厚的股东背景和丰富多元的产品布局，有条件进行金融服务模式的多项创新
前瞻性	深耕绿色金融，首创"金融顾问制度"，携手其他行业形成优势互补
可见性	财通证券与利益相关方积极沟通，激发了各方内生发展动力
总体成效	财通证券的各项行动受到了各利益相关者的高度肯定，同时也进一步促进了其自身的发展
评价启示	紧跟国家的政策动向；进行恰当的金融创新

四、财通证券社会责任行动影响

财通证券开展的特色社会责任行动，于政府及监管机构，其配合监管机构核查，参与政府调研活动，支持普惠金融深耕浙江，服务实体强化合规风控；于股东，其高质量发展，完善公司治理，加强信息披露，积极管理和维护投资者关系；于客户，其开通客户满意度调查，开展投资者教育，优化财通App、大数据和智能创新应用；于员工，其健全制度体系，建设人才梯队，组织员工活动；于社区及公众，其安全合规运营，投身扶贫公益活动；于合作伙伴，其开展合作交流招投标会议，建立长期合作关系，履行合同约定。

在承担社会责任的道路上，财通证券奋力争当领跑者。财通证券坚持打造的"金融顾问制度"创新实践，真正帮助行业形成了全新创新模式，也为自身赢得了来自社会各界的共同认可和支持。特别是在金融发展和供给侧结构性改革过程中，财通证券践行深耕浙江重要战略，其所能发挥的独特能力在各项社会责任行动中得到了充分认可，也受到多次表彰，成为独具区域影响力的优质券商，为区域综合金融服务能力提升、经济社会发展做出了卓越贡献。[①]

第四节　农夫山泉——从大自然的搬运工到"科研专家"

我做农业，想的是怎么产生附加值，把一个蛋糕做成两个，而不是和农民去分同一个蛋糕。

——农夫山泉董事长钟睒睒

一、农夫山泉创业发展史

农夫山泉股份有限公司成立于 1996 年，是中国包装饮用水及饮料的龙头企业，产品主要覆盖包装饮用水、茶饮料、功能饮料及果汁饮料。以2019 年零售额计，农夫山泉在茶饮料、功能饮料及果汁饮料的市场份额均居中国市场前三位。公司拥有 1900 多名员工，在全国拥有 4000 余家经销商，1 万余名一线销售及销售管理人员[②]。公司名列"2020 胡润中国 10 强食品饮料企业"第 6 位，入选"2021 浙江省百强企业""2021 胡润世界 500

---

① 盛夏见闻视点.财通证券深耕浙江助力共同富裕示范区建设. https://www.sohu.com/a/499370110_1 00258984.

② 农夫山泉官网. https://www.nongfuspring.com/aboutus/introduce.html.

强"榜单。

农夫山泉始终将"为生命健康提供产品与服务"作为使命，坚持"天然、健康"的品牌理念，前瞻性地在中国布局了十大稀缺的优质天然水源，奠定了为消费者提供长期天然健康服务的基础和能力，形成长期稳定的竞争优势。

近年来，随着农夫山泉的成功上市，农夫山泉持续进行品牌建设，进一步加大多元产品的开发力度。并且农夫山泉还致力于稳步提升分销广度和单店销售额，进一步扩大产品产能，加大对基础建设能力的投入，并积极探索海外市场机会，向海外扩张。

二、公司社会责任评析

农夫山泉一贯积极投身和倡导社会责任，在推动创新发展、促进社会和谐、践行绿色环保等领域持续做出努力。

在推动创新发展方面，农夫山泉积极投身新型慈善事业，引领产业升级。农夫山泉在赣南建设柑橘榨汁生产基地，积极攻克柑橘产业技术难题，解决了当地原产柑橘榨汁难的问题。在农夫山泉的创新推动下，柑橘苗木容易遭遇的衰退病、黄龙病等问题得到了有效应对，种植的数千亩良品果树获得了丰硕成果，实现了让当地果农们钱袋子满起来的目标。

在促进社会和谐方面，农夫山泉的社会责任承担表现十分丰富。例如，在抗击新冠疫情时，农夫山泉向社会捐助了大量生活物资及防疫物资，并且发动员工参与志愿活动，为多个省份的抗疫工作做出了很大贡献。同时，农夫山泉也积极推动新型慈善，其中特别值得一提的是农夫山泉与中国银联共同开展的"诗歌瓶"项目，即把由山区儿童创作的诗歌印制在水瓶上，向外传递山区儿童美丽心声。与此同时，人们每一次扫码读诗，就会为他们捐出一定数额的资金，帮助儿童们读书成长，实现了丰富的教育帮扶价值。农夫山泉还积极倡导健康生活方式，通过官网、官方微信公众号等平台向公众普及健康饮水的知识，帮助社会公众更好地科学饮水，建设健康中国。同时，农夫山泉大力支持国家体育建设，赞助体育公益事业，支持贫困地区体育教育，为社会的和谐发展贡献自己的一份力量。

在践行绿色环保方面，农夫山泉特别注意工厂选址和建造设计。他们严格把关工厂可能会对周围环境产生的影响，通过相关绿色合理设计，实现有效管控，真正把对自然环境的保护理念融入具体经营实践。此外，农夫山泉还依托先进的节水技术等，对水资源进行有效的循环利用，大幅提升用水效能。农夫山泉还开设了多个"工业＋旅游"项目，将工厂开放给外界参观，让公众一览科技与自然结合的和谐之美。

三、农夫山泉用科技帮扶带动产业共富

农夫山泉在水及饮料行业具有庞大的规模、良好的品牌口碑、深厚的积累，同时公司重视技术投入，多年的行业深耕让农夫山泉具有很强的研发能力及丰富的管理经验。农夫山泉充分发挥这些优势，帮扶产业升级，带动产业共富。

江西赣州盛产柑橘，具有优质的脐橙。然而，赣州原有的柑橘品种纽贺尔脐橙不太适合直接用于果汁榨汁，被全世界农产品加工行业公认为行业"禁区"。此外，赣州种植纽贺尔脐橙的农户呈现出散布格局，不具规模化，更谈不上品牌化了。更糟糕的是，纽贺尔脐橙的质量往往参差不齐，导致一些农户和经销商为了能够实现销售，甚至冒风险以次充好，滋生更

多市场负面集体行为。① 因此，当地农户所种植的柑橘难以在市场上卖出好的价格，市场小、利润低，农民难以通过卖柑橘来获得很好的收入。

农夫山泉凭借在行业内的深厚管理经验，强化了赣州的田地管理，并且利用自身的规模优势，打通了一条专属于赣州柑橘的产业链。除此之外，农夫山泉经过多年技术攻关，对当地柑橘品种进行改良，制定相应的科学标准体系。具体而言，它包含了34道作业流程、79类管控内容和148项监控细项，打造了领先全球的脐橙智能筛选技术，更精准地回应"纽贺尔脐橙可以用吗"这一难题。此外，农夫山泉还基于自身拥有的无菌灌装技术，将其转化成为NFC果汁生产的关键基础，并成功回应了NFC果汁无法常温存储的行业难点，最终推出了常温NFC果汁系列，受到市场热烈欢迎。

同时，农夫山泉推出17.5°橙，为当地的脐橙创立了特色品牌。农夫山泉为每一个17.5°橙赋予个性化二维码，从而保证消费者可以通过使用手机充分了解他们选购的橙子究竟在哪里种植、经过了哪些生产环节，甚至能了解到特定管理人员等相关信息。如此细致的农业科技不仅保证了橙子质量，也让后端消费者对相关产品的满意度大幅提升。此外，农夫山泉还利用自身所具备的大量先进技术及社会影响力，帮助偏远农村地区改善种植果苗质量，邀请领域资深专家前来辅导和培训，从而提高系统创新和质量管控能力。除此之外，农夫山泉还推动新型农商关系，既让果农们对其收入感到满意，又促使对外行销的产品获得统一管理和分销，保证质量和品牌。

农夫山泉带动赣南柑橘产业升级，极大地扩展了当地柑橘产业的销售

---

① 甘泉公益. 赣南脐橙博览会召开农夫山泉17.5橙助力赣南橙产业现代化转型. http://www.ganquanfund.org.cn/gonyi/40471.html.

市场。新品橙汁饮料不仅进一步扩大了农夫山泉自身的市场份额，也让赣州的柑橘在市场上大放异彩，农民也实现了增收。农夫山泉 17.5° 橙直接带动了大量果农脱贫致富，人均收益大幅提升。[①]2014—2020 年，17.5° 橙销售额年均增长达 158%。如今，果树丰收后，农户的收入比原先的每亩地几百元提高了 7～8 倍，助力当地农户实现共同富裕。

表 3-4 将农夫山泉通过社会责任助力共同富裕的实践表现及启示加以归纳总结。

表 3-4　农夫山泉社会责任助力共同富裕分析

分析维度	具体表现
社会责任行动	农夫山泉发挥技术和管理优势，助力赣南果农增收
共富特色	产业共富
核心能力 / 资源	饮品制造方面坚实的技术创新基础、丰富的产业管理经验
关键利益相关者	赣州果农
向心性	赣州柑橘为农夫山泉提供优质原料，帮助开发新产品，创造营收增长点
适当性	农夫山泉强大的研发能力为果品改良保驾护航；丰富的管理经验利于打造品牌，扩大销售
前瞻性	农夫山泉跨界农业，引领 NFC 饮料市场发展
可见性	产品品质优良得到消费者认可，当地农民收入显著增加
总体成效	农民增收脱贫致富，企业盈利增加，同时品牌得到宣传
评价启示	农夫山泉带动赣南柑橘产业的发展是一个成功的战略型社会责任项目。行业内其他企业也可以学习农夫山泉将自身核心优势与贫困地区的发展潜力相结合的方法发现行业机遇

四、农夫山泉社会责任行动影响

农夫山泉带动赣南产业发展取得了明显成效，带动了当地农户增收，

---

① 央广网. 农夫山泉破解世界脐橙榨汁难题 助力赣南脐橙产业升级. http://www.cnr.cn/hd/20161210/t20161210_523320475.shtml.

实现共同富裕，并得到了社会的广泛认可，当地政府也积极寻求与农夫山泉开展合作，农夫山泉在帮助赣南产业升级的同时也让自身得到了发展，并且发现了新的行业机遇。农夫山泉助力赣南产业升级后，得到了当地政府的青睐。2016年农夫山泉在信丰县投巨资设厂。2017年，信丰县政府与农夫山泉签约，斥资6.6亿元打造多条生产线。随后，信丰县建立了中国赣南脐橙博览馆，并成为国家4A级景区，农夫山泉17.5°橙也入选其中，企业品牌得到进一步宣传。此外，继17.5°橙取得成功后，农夫山泉进一步进军跨界农业，2018年1月，农夫山泉又推出17.5°苹果产品，在新疆阿克苏延续着赣南的思路。

此外，农夫山泉计划承担起更多的社会责任，助力共同富裕。在赣南，农夫山泉计划以赣南柑橘生产基地为建设主题，建设柑橘脱毒苗木采穗圃，预计每年可产出20万颗高品质接穗，迅速提高赣南地区苗木品质，助力赣南柑橘产业进一步升级。[①] 同时，农夫山泉将在全国更多的地方寻找下一个"17.5°橙"，带动更多地方实现共同富裕。

第五节　双枪——引领竹木农业现代化

利用良好的加工技术、准确的大数据分析，更好地为前端原料生产者提供更多的创利机会，带动更多人致富。

——双枪董事长郑承烈

---

① 农夫山泉2020可持续发展报告. https://file-cloud.yst.com.cn/website/2021/04/30/e8ae2d952a8e4bd6918001a2984a8d07.pdf.

一、双枪创业发展史

双枪科技股份有限公司（简称双枪）于 2002 年成立，一直专注于日用餐厨具的研发、设计、生产、销售。公司拥有筷子、砧板、勺铲、签类和其他餐厨具等五个大类逾千种单品。双枪已经建立了包含商超、经销商、电商、外贸、直营等业态的多元化、立体式销售模式，营销网络覆盖国内及欧美部分地区，年销售筷子约 3 亿双，砧板约 1000 万片。

双枪自创业以来，就非常重视自主研发和设计创新。其子公司浙江双枪被认定为高新技术企业，打造了省重点企业研究院、浙江省博士后工作站。依托这些科研机构，双枪充分贯彻创新驱动创业理念，2020 年末已经拥有 40 余项发明专利，近百项实用新型专利以及 120 余项外观专利，拥有自动化生产设备设计、研发以及工业制造技术能力，在行业内赢得了卓越口碑和品牌知名度。

双枪创新发展，践行"追求品质，真诚守信"的公司价值观，荣获"省级高新技术企业研究开发中心""浙江省专利示范企业""第二届中国绿色产业博览会金孔雀奖""农业产业化国家重点龙头企业""国家林业重点龙头企业""中国竹业龙头企业""浙江省名牌林产品""浙江省著名商标""浙江省知名商号"等一系列荣誉，深受大家喜爱。此外，双枪还潜心挖掘中华传统文化，通过竹木工艺设计对文化开展深度诠释，进而产出了一系列生动融合传统文化元素的创新餐厨用具，还进一步带动了整个竹木产业链实现高质量发展。[①]

---

① 双枪官网. http://www.sqzm.com/index.php/product/product.html.

二、公司社会责任评析

在科技创新方面，双枪一直引领竹木产业创新发展。双枪将中华传统文化元素生动地嵌入各类日用餐厨具，让传统竹木产品有了全新艺术气息。更重要的是，双枪的这些创新实践不仅增强了自身产品竞争力，也促使我国竹木产业整体实现创新发展，带动了行业内一大批上下游产业链企业的成长壮大。

在环境保护方面，双枪积极践行"绿水青山就是金山银山"理念，坚持绿色可持续发展，坚决不以伤害环境和消费者与短期经济回报做交易。在ISO 9001质量体系认证要求的基础上，双枪主动作为，积极对标国家食品安全标准，获得了包括美国FDA认证、SGS认证等众多外部权威机构认可。大家普遍认为，双枪的产品更加环境友好，能够为消费者提供更加环保、健康的产品体验。此外，双枪还积极承担社会责任，响应政府号召，始终秉持环境友好原则，推行公筷行动，引领文明用餐新风尚。[1] 总而言之，双枪的这些环保公益行动有效地促进了健康生活理念的普及，为百姓健康保驾护航。[2]

三、双枪承担龙头责任，助力农业现代化

双枪作为农业发展的龙头企业，在推动农业供给侧结构性改革、实现农业现代化进程中扮演重要角色。双枪清晰地看到，在我国，大量农业企

---

[1] 双枪官网. 双枪儿童公筷联合《公小筷和公小勺》绘本亮相上海书展. http://www.sqzm.com/index.php/about/newinfo/154.html；双枪科技股份有限公司2021年半年度报告. http://quotes.money.163.com/f10/ggmx_001211_7504046.html.

[2] 双枪官网. 立足中华文化，引领竹木产业发展. http://www.sqzm.com/index.php/about/newinfo/170.html.

业地处偏僻，缺少技术、人才、资金、设备等重要急需资源，从而造成了产品质量低、管理团队能力弱等问题。更糟糕的是，这些问题是多种经济、社会因素共同造成的，这些问题反过来也会进一步诱发更多新的经济和社会问题。而双枪正是在这些困境中，成功扮演了破局者的角色，带领广大农民实现了业务和生活品质双提升。

具体而言，双枪在庆元打造了一个"龙头企业＋农民合作社＋农户"的产业链模板。双枪与庆元当地多方面利益相关者共同努力，以农户为基础单元，组建起产业基地，年消耗毛竹数量达到450万根，帮助当地农户们发家致富，也促使公司销售额以每年超过20%的速度迅猛增长。

为了更好地积累自动化生产技术、培养更高水平的科技研发人才，双枪非常重视打造自身专业科研团队。2014年，双枪专门成立了浙江双枪竹材研究院。这个研究院专攻竹制品设计、新材料开发、竹材加工设备研制、竹材制品产业化等前沿领域。经过长期努力，双枪竹材研究院已经将自身打造成为省级重点研究机构，并积累了大量发明专利、实用新型和外观专利，从而为双枪更好地捕捉地方特色、联合地方农户发展特色产品提供了扎实保障。[1]

表3-5将双枪通过社会责任助力共同富裕的实践表现及启示加以归纳总结。

表3-5 双枪社会责任助力共同富裕分析

分析维度	具体表现
社会责任行动	双枪运用竹木科技优势，带动农民增收

---

[1] 双枪官网. 双枪公司成为农业产业化国家重点龙头企业，系庆元县首家. http://www.sqzm.com/index.php/about/newinfo/96.html；双枪科技股份有限公司2021年半年度报告. http://quotes.money.163.com/f10/ggmx_001211_7504046.html.

续表

分析维度	具体表现
共富特色	产业共富
核心能力／资源	核心技术、科技创新、完整产业链
关键利益相关者	农户、上下游产业
向心性	有利于为客户提供优质的产品和服务，积累口碑和知名度
适当性	公司高度重视创新发展、技术研发，拥有自动化生产设备和精湛的加工工艺，属于农业龙头企业
前瞻性	双枪联通上下游企业，以设计对产品赋能，引领竹木产业创新发展
可见性	双枪打造集约化生产基地，针对竹农推出了保护性的政策
总体成效	双枪形成了完善的产业链，以"龙头企业＋农民合作社＋农户"的形式联结基地，带动农户增收致富
评价启示	双枪发挥了龙头企业带动作用，通过集约化、自动化的生产转型，促进竹木产业更健康更高质量地发展，带动产业链上的人提高生产积极性，增产增收，实现共同富裕

四、双枪社会责任行动影响

自成立以来，双枪逐步打造出行业领先的竹木、复合材料日用餐厨具研发中心，并不断地研发、设计、生产新型环保、时尚、多元化的日用餐厨具。双枪紧紧围绕客户需求持续创新，致力于为客户提供优质的产品和服务，为亿万家庭打造健康环保、有品位有文化的生活。双枪凭借卓越的工艺水平、稳定的产品质量、优秀的创意设计，在行业内已经具备了较好的口碑和较高的品牌知名度。

双枪还计划通过不断引进人才，加大软件、硬件上的研发投入，深耕日用餐厨具领域，从筷子出发，形成涵盖厨房配件、餐桌用品、竹木家居在内的多元化产品生态，不断推出适应市场需求的新技术、新产品。双枪也将继续以"做大做强竹产业、兴竹惠民"为使命，进一步发挥龙头企业带动作用，引领竹木产业的高质量发展。双枪的目标是实现"我们有一个信念，双枪竹木，尽善尽美，尽显中华风采；我们有一个愿望，普天之下，有华人处，就有双枪竹木"的企业愿景，最终将双枪打造成为日用餐厨具领域值得骄傲的民族品牌。①

第六节 鲜丰水果——构建"数字水果圈"

> 水果不是高大上的产业，却是能为人民尤其是农民带来增收的伟大事业，初心不改，不负韶华。
>
> ——鲜丰水果董事长韩树人

一、鲜丰水果创业发展史

鲜丰水果股份有限公司于 1997 年创立，是一家享誉全国的水果连锁企业。鲜丰水果拥有新零售、智慧冷链物流、供应链 B2B 平台等多方面新兴业务，形成了一个全球业务平台。在鲜丰水果品牌基础上，公司进一步探索关联业务板块，打造了鲜丰水果、水果码头、鲜果码头、阿 K 果园子、杨果铺等五大品牌，业务覆盖十多个省份，全国门店已超 2000 家。此外，公司还创建了 17 个现代化冷链仓储中心，聘请了 200 多位产品专家为全球 300 多个水果种植基地提供驻点服务，从而保障公司供应链的稳定、可靠。②

把"用水果让生活更美好"作为企业核心愿景，鲜丰水果坚持奉行"以客户为中心，以奋斗者为本，善念善知善行善生"的发展价值观，一心一

---

① 双枪官网. 传统赛道破局者，"筷子第一股"双枪科技成功挂牌上市. http://www.sqzm.com/index.php/about/newinfo/178.html；双枪官网. "筷子第一股"双枪科技董事长解读：一双筷子背后的竞争优势. http://www.sqzm.com/index.php/about/newinfo/176.html.

② 鲜丰水果官网. https://www.xianfengsg.com.

意做好水果生意，在让客户能够获得更新鲜、好吃、安全、高性价比的优质水果的同时，让果农、员工、加盟商等供应链上下游伙伴获得更加丰富的共享价值，也让鲜丰水果打造的数字化水果生态圈逐步走出国门，走向全球。通过不懈努力，鲜丰水果获得了社会给予的高度认可，先后荣获"农业产业化国家重点龙头企业""浙江省著名商标""浙江省农业龙头企业""浙江服务名牌"等诸多荣誉。

二、公司社会责任评析

"以果为业，产业报国"，鲜丰水果在发展自身业务的同时，特别关注员工发展、地区扶贫、社会公益等方面，致力于打造有情有义、责任担当的新时代专业品牌。

具体而言，鲜丰水果全力贯彻数字化转型理念，除了不断规范自身数字化变革，还积极倡导行业整体经营的精细化和标准化。鲜丰水果通过创建"基地＋农户"运营模式，形成行业上下游联结机制，服务乡村振兴战略，带动大量农户依靠自身创业行动实现脱贫、增收目标。值得一提的是，鲜丰水果积极响应国家精准扶贫政策，通过建立东西部扶贫协作基地，向经济落后地区传递有关水果种植、采购等方面的关键知识。此外，在供应链上，鲜丰水果在"双创"背景下，积极发挥社会就业功能，通过连锁加盟，帮助 1 万余人实现自主创业，共同服务于我国果业发展，构建利益共享共同体。[①]

除了上述行业创新行动，鲜丰水果还积极参与社会慈善活动，向汶川

---

① 方堃. 构建数字化"水果生态圈" 鲜丰水果实力演绎"草根"转型. https://baijiahao.baidu.com/s?id=1665379637155475759&wfr=spider&for=pc.

地震、雅安地震等灾区积极捐款，开展一系列"敬老送温暖""爱在六一"等公益服务活动。在新冠疫情暴发时，持续向武汉防疫一线捐赠鲜果共计100吨。

三、鲜丰水果用数字化赋能行业发展

伴随互联网、数字化的迅速升级发展，鲜丰水果高度重视自身技术，不断更新迭代，为果业行业提供了丰富红利。具体而言，鲜丰水果与遍布世界各地的300多个水果种植基地签署了战略合作协议，与国内18个智慧冷链物流系统构建起紧密合作关系，并配合搭载数字化技术的物流运输系统，实现智能化温控、湿控、光控的冷库系统等，真正实现高效、高质量的水果配送数字化新模式。[①]

除了深耕水果产业供应链上游，鲜丰水果还对自身品牌进行升级迭代，以满足消费者对服务品质不断提升的需求。鲜丰水果敏锐地发现，消费者们对水果产品的新鲜度、丰富度、场景便捷度、参与感等都提出了全新要求。因此，鲜丰水果再次应用数字化技术，积极推动全部门店进行在线化运营变革，如尝试开发会员习惯算法、优化会员标签等，进一步提升不同顾客在鲜丰水果的消费体验。同时，鲜丰水果也会更多考虑自身门店与周围环境（如社区、学校、医院等）的契合度，并运用数字化手段，让门店经营更具特色，满足客户需求，真正实现"千店千面"的个性化服务。值得一提的是，鲜丰水果不仅完成了自身数字化转型，也积极将这些数字化转型经验传递给果业合作伙伴们，促使整体行业实现了数字化转型飞跃，这

---

① 聚牛科技. 鲜丰水果欲打造水果产业互联网. https://baijiahao.baidu.com/s?id=1690761051313036899&wfr=spider&for=pc.

对我国果业发展具有丰富长远的意义。

数字化也帮助鲜丰水果更高质量地响应国家和浙江省、杭州市政府乡村振兴、精准扶贫的发展战略。例如，为了促进浙江省市场援疆"十城百店"工程升级版更好发展，鲜丰水果在阿克苏地区和兵团一师阿拉尔市投资优质水果企业，建设新疆果品数字产业园，真正促成美丽乡村和先进制造两者实现深度融合，打造消费援疆扶贫示范区，建立稳定的疆果东输通道，并利用全国 2000 多家门店将新疆阿克苏地区的林果远销全国。鲜丰水果依托自身标准化和品牌化运营经验，精心打造"一县一品"，践行精准扶贫战略，累计带动扶贫销售 50 亿元，帮扶带动上万果农增收超过 10 亿元。[①]

表 3-6 将鲜丰水果通过社会责任助力共同富裕的实践表现及启示加以归纳总结。

表 3-6　鲜丰水果社会责任助力共同富裕分析

分析维度	具体表现
社会责任行动	鲜丰水果用数字化赋能行业发展
共富特色	产业共富
核心能力 / 资源	较完整的水果产业供应链、先进的数字化技术与管理制度
关键利益相关者	消费者、贫困地区水果种植户
向心性	供给、运输、销售、管理四个方面的升级能全面提升公司的市场竞争力；在贫困地区建立生产基地能够拓展供应链
适当性	果蔬供给运输销售的一体化模式已经形成，条件完备；公司自身注重技术升级，适宜数字化赋能
前瞻性	鲜丰水果领先构建数字化"水果生态圈"，打造水果产业互联网
可见性	果蔬产区产量增加，贫困区就业率上涨，消费者体验感提升
总体成效	鲜丰水果成为国内水果产业创新示范性标杆，助力水果产业提质增效
评价启示	水果产业升级发展，数字化建设成功，"水果生态圈"前景良好；响应精准扶贫战略，帮助果农实现稳定增收

① 艾瑞网. 鲜丰水果积极践行水果产业扶贫，从根本解决果农增收问题. https://news.iresearch.cn/yx/2021/03/364694.shtml.

四、鲜丰水果社会责任行动影响

作为农业产业国家重点龙头企业，鲜丰水果近几年响应精准扶贫战略号召，帮助果农实现稳定增收，并通过不断推进数字化建设，努力打造"水果生态圈"，加强水果供应链的建设，满足顾客对果品不断提升的品质需求。同时，其对水果全产业链的不断深耕，拉动了更多人加入水果行业，有力促进了水果产业升级发展，正在逐步实现"用水果让生活更美好"的愿景。

在 2020 年第十四届浙江省连锁业大会中，鲜丰水果因在践行扶贫助农、产业援疆，持续探索新零售技术发展与应用等方面的突出成就，被授予浙江省连锁业"杰出贡献企业"称号。在 2021 年第七届杭商领袖峰会中，鲜丰水果凭借多年践行精准扶贫、帮助果农实现稳定增收的成就，荣获"脱贫攻坚卓越贡献奖"。

在未来的发展中，鲜丰水果应当继续践行乡村振兴战略，助力果农实现稳定增收，创造美好乡村家园。同时应当坚持数字化转型，助力产业提质增效，稳步落实构建水果产业互联的目标，夯实产业基础，推动水果行业与互联网、人工智能、5G 等技术高度融合，成为国内水果产业创新示范性标杆，为消费者提供全球高品质水果。

第七节　三替——打造"三替好生活"

要读懂伟大时代，就是要把企业命运与伟大时代相连；最大的商道就是与伟大祖国同频共振。

——三替董事长陶晓莺

一、三替创业发展史

三替集团成立于 1992 年，是全国服务范围最广、服务项目最多的专业化家庭单位后勤服务企业，拥有 1.5 万多名在册服务人员，可为社会提供 18 个大类 100 余项服务。下设浙江智慧生活网络科技、三替智慧健康服务、浙江省智慧家政研究院等 50 余家直属机构。三替已经完成从传统服务向现代服务的转型，实现了线上和线下一体化发展，其业务范围不仅涵盖保洁、保姆、综合维修、养老、物业管理等传统服务项目，还能提供电子商务、互联网信息服务以及家政人才培养等众多现代化服务项目。

三替以专业化、标准化服务立足行业，三替通过打造品牌、建设培训基地和智慧家政平台、培养高端家政经营管理人才、布局管理信息系统和连锁经营网络等，构成了完备的"三替家庭服务体系"，成为国家家政服务标准制定单位、全国服务业创新型企业，并荣获近百项国家及省级奖项。

三替本着以人为本的理念，为员工成长创造舞台，为客户的品质生活提供服务保障，为社会的和谐发展创造更多就业机会，并将爱心、诚信、敬业、创新作为企业价值观，本着"为社会做出实质性贡献"的目标，以实现"有华人的地方就有三替的服务"为自身企业愿景。①

二、公司社会责任评析

一直以来，三替以"良知"为关键词，凭借在行业内顶尖的业务能力、优越的社会资源、较广的服务范围等，在自身企业建设、员工培养、服务开展等方面制定高标准，积极承担社会责任。

---

① 三替官网. https://www.3tgroup.cn.

首先，三替引领产业创新、构建共赢生态网络，将自身的管理模式提炼为标准，并创新式地开辟线上预约平台。例如，疫情防控期间用"云招聘"直播等方式助推业务转型，为家政行业提供了服务样板，引领家政服务产业的创新，加快了全国家政行业的规范化、标准化、灵活化的进程。同时，三替运用法律手段严厉打击冒牌者，将反不正当竞争的经验分享给行业，助推行业良好生态的形成。

其次，三替积极创建政企亲清关系、打造优质雇主品牌、推动社会公益和新型慈善发展，促进社会和谐。作为商务部"百城万村家政扶贫试点工作"在浙江省的两家试点单位之一，三替积极响应中央扶贫号召，已先后与安徽、江西、湖北、四川、贵州多省达成职业技能培训、劳动力输出实现再就业等方面的合作，开设"家政学校"为欠发达地区提供就业指导，成功开展了50多期扶贫对接与培训。三替坚持为孤寡老人、特困家庭和重残家庭三类对象实行免费服务，开展"致良知服务进社区"活动，为社区70岁以上老人提供免费保洁服务，迄今上万次的免费服务为弱势群体带来了社会的关爱与温暖。三替积极回应下岗失业、疫情家政缺口等社会热点问题，为援鄂医护家庭提供免费服务，且主动为下岗失业失地人员提供免费培训与再就业推荐，使10万余人获得了再就业的基本技能与工作机会，大批"4050人员"的生计问题得到解决，数十万家庭得到了基本生活保障，为政府就业保障工作的落实做出巨大贡献。

三、三替用创新驱动，示范企业转型升级

建立、成长于浙江这一信息化发展走在前沿的地区，从互联网到移动互联网再到智慧生活社区，三替通过敏锐的嗅觉和服务意识，不断发现和

满足社会需求，进行平台创新与驱动升级，实现了企业转型升级，为行业做出了良好示范。

三替将品牌、服务、团队等资源整合产出了"三替好生活"这一平台，以"智慧家政"为主体，融合三替家政546项服务标准与规范流程，实现了"走千家不如走一家"的一站式服务提供方案，这也成了三替的核心竞争优势。

同时，三替把握电商风口，率先应用O2O模式进行更优质家政服务输出与业务范围拓宽。例如，三替为满足杭州家庭对优质食品的购买需求，打造了旗下O2O电子商务平台"三替你好生活网"，对接川藏、新疆等西部优质农产品货源，既为农户销货搭建了平台与对接渠道，帮助其实现劳动致富，也让居民能够获得优质货品，真正满足提升生活质量的需求。

2018年，三替成立了第一家"慧生活"社区居家养老服务样板店，将社区邻里生活和互联网完美融合，实现了家门口的五星级健康养老生活场景，让老人在家门口享受"五星级"服务，真正实现住得舒心、吃得放心、活得开心，并且能够老有所学、老有所依、老有所乐。这一模式受到各地社区的认可和大力欢迎，已有众多社区邀请三替"慧生活"社区居家养老服务落户为辖区居民提供居家养老便利服务。

三替不断进行平台创新与升级，善于在服务践行社会责任的过程中获得准确的市场需求，从而在服务社会的同时能做出如开辟线上平台、助农电商产业化等前瞻性战略决策，既迎合了时代与市场的发展前景，也有助于企业获得更多市场份额，提升自身综合实力。

表3-7将三替通过社会责任助力共同富裕的实践表现及启示加以归纳总结。

表 3-7　三替社会责任助力共同富裕分析

分析维度	具体表现
社会责任行动	三替发挥智慧家政平台优势，推动居家养老产业创新
共富特色	产业共富
核心能力 / 资源	行业内顶尖的业务能力、优越的社会资源
关键利益相关者	消费者；社区；同行业其他企业
向心性	符合三替创新驱动发展、为顾客提供创造式家政解决方案的目标
适当性	三替实力雄厚，有条件推动创新；三替拥有优越的社会资源，能准确把握市场信息
前瞻性	三替创新性助推业务转型，为家政行业提供了服务样板
可见性	消费者获得更优质的服务，社区压力减少，整体行业创新升级加速
总体成效	三替为消费者带来更优质的家政服务，实现自身实力提升的同时提升了行业整体效率
评价启示	于企业发展而言，创新是永恒不竭的动力。如三替进行电商平台的搭建与模式创新，极大地拓宽了自己的业务面，同时也为行业发展创造了增收的新可能，在提升行业整体效率的同时实现了自身实力的提升

四、三替社会责任行动影响

三替在产业共富方面做出的努力，在创造丰富社会价值的同时，也为企业培养了高质量、高忠诚度的人才队伍，既获得优越的市场份额，也获得实力、影响力、社会认可度等方面的多重提升，直接造福于企业的长期稳定发展。

在创新引领产业共富的过程中，三替进行电商平台的搭建与模式创新，极大地拓宽了自己的业务面，同时也为行业发展创造了增收的新可能，在提升行业整体效率的同时实现了自身实力的提升。

作为行业领军企业，三替积极发挥行业示范作用，探索家政服务的多元可能，为行业的发展开辟更多空间，引领行业创新发展。

第八节　贝达药业——减轻老百姓买药负担

> 每一代人都有每一代人的使命，我们是伴随改革开放成长起来的一代企业家，读书、留学、回国创业，做老百姓用得起的放心药，就是实现了自己的产业报国梦。
>
> ——贝达药业董事长丁列明

一、贝达药业创业发展史

贝达药业股份有限公司 2003 年成立于浙江杭州。当时，丁列明博士与其团队共同归国，发挥自身技术专长，创办了这一具有自主知识产权，以创新药物研究与开发作为业务核心，打通研发、生产、销售全体系的高新制药企业。心怀造福于民的商业理念，丁列明带领贝达药业团队一心要为中国百姓带去更多吃得起的放心好药。

贝达药业拥有 1300 多名员工，其中包括多位国际级、省级高层次人才，以及很多国际尖端水平的生物创新药品开发人才和推动创新药品市场化、产业化的专家人才。贝达药业在杭州、北京均创建了研发中心，专门开展新药研制突破攻坚。[①]

一直以来，贝达药业都认定成功的核心基因是创新。值得一提的是，公司于 2011 年获批上市的盐酸埃克替尼（凯美纳）是我国首个研发创新并成功上市的小分子靶向抗癌药。

正是这款抗癌药物帮助超过 23 万名肺癌患者有效应对病痛。更加值得

---

① 朱艺艺. 贝达药业：争做国产创新药研发的标杆企业. https://m.21jingji.com/article/20210201/herald/e2f7366c68e3c1ebfb6b2e592a98155b.html.

称道的是，贝达药业坚持执行该药品的后期免费用药项目，产生了深远的社会影响。也正是因为这些社会责任实践表现，贝达药业多次荣获中国专利金奖、中国工业大奖，以及国家科技进步奖一等奖。特别强调的是，这是化学制药行业和浙江省企业界首次拿下国家科技进步奖一等奖。公司于2016年在深交所顺利挂牌上市，开启发展新篇章。

二、公司社会责任评析

贝达药业作为我国医药创新标杆企业，坚持走创新驱动发展道路，推动科技为民、创新惠民，并且主动扛起社会责任担当，积极投身公益事业发展。

在推动创新发展方面，公司一直以来高度重视新药研发创新，每年研发投入金额均位居行业前列。[1] 于2020年顺利获批上市的恩沙替尼（贝美纳）是贝达药业拥有完全自主知识产权的产品，这款创新药成为国内抗肺癌领域的利器，是第一个可以被用来治疗ALK突变晚期非小细胞肺癌的国产1类新药。此后，贝达药业持续创新发展，又相继推出了多款创新药物，帮助病患们看到了迎击病魔、重获健康的希望。

在引领开放包容方面，贝达药业在新冠疫情暴发时，表现尤为突出。公司为赶赴武汉开展紧急支援的医疗队伍提供了大量资金和物质保障，一道构筑起全员支援抗疫的开放合作圈。[2]

在促进社会和谐方面，恩沙替尼（贝美纳）在2020年上市初便开始免

---

[1] 同花顺金融研究中心. 贝达药业2020年年度董事会经营评述. https://finance.ifeng.com/c/84uHVP3s8BV.

[2] 贝达药业.《杭州日报》：创新药在推进 疫苗加快研发 疫情防控与生产经营 贝达药业要实现"双线获胜". https://www.bettapharma.com/News/show/id/2259.

费赠药，切实减轻了患者经济负担。2021 年国家医保谈判工作中，贝美纳以更优的药物经济学优势与更亲民的价格进入国家医保目录，为更多肿瘤患者带去福音。2018 年，在云南省勐海县开展脱贫攻坚的民主监督中，董事长丁列明的调研报告得到了国家有关部委的重视，同时他还向该地区捐赠了价值 15 万元的救护车，大大改善了当地医疗条件。为帮扶困难家庭，贝达药业还曾向四川省广元市苍溪县卫生健康事业项目捐款 25 万元，向贵州大方县理化乡捐赠 10 万元医疗扶贫资金等。

除此之外，在可持续创新方面，以便利化、全要素、立体化、开放式为特征，具有国际先进水准的生物医药专业众创空间——贝达梦工场——截至 2022 年已经建成 2 期，毗邻省海创园的梦工场 II 期也已投入运营，入驻了包括阿里系在内的 50 多家企业，涵盖干细胞研究、基因检测、医疗大数据云平台等领域。

三、贝达药业深耕医药创新，惠及百姓

十年前的国内医药创新一片荒芜，面对传统医药售卖的挑战，贝达药业凭借创新医药的核心能力首次拓荒，凯美纳作为中国第一个小分子靶向抗癌药，首次打破了进口药垄断。

贝达药业以更优质的药物经济优势与亲民价格进入市场，不仅打响了品牌，扩大了销量优势，更切实减轻了老百姓的医疗负担。2011 年凯美纳获批上市后，为了让更多患者吃得起这个国产好药，尽管疗效和安全性都优于同类进口药物，贝达药业仍坚持定价比进口药低 30%～40%。贝达药业从该药品上市开始，就积极寻求与中国医药创新促进会开展合作，推动凯美纳的后续免费赠药服务，已累计向 11 万余名肺癌患者赠药 690 多万

盒，市场价值超过 100 亿元，切实降低了患者药费支出。2017 年，贝达药业积极响应国家号召，主动将凯美纳降价 54% 参加与医保部门的谈判，争取将它纳入国家医保药品目录。谈判过程中，贝达药业进一步降价 3.86%，让惠于民。[①] 2021 年，凯美纳新增术后辅助治疗适应症获批后，在新一轮谈判中再次降价，进一步减轻了患者负担。

值得一提的是，虽然贝达药业在纳入医保的过程中，已经对凯美纳大幅降价了，但公司还是继续保留该药品的后续免费用药服务政策。因此，贝达药业的这一项目也成为国内已上市的第一代 EGFR–TKI 中唯一继续开展免费赠药服务的原研药。[②] 如此坚定承担社会责任的行动是极其不容易的。2021 年，在国家医保谈判工作中，贝美纳以更优的药物经济学优势和更亲民的价格进入国家医保目录，为更多肿瘤患者带去福音。

除了赠药，贝达药业还积极搭建众创平台。面对"科技创新"的时代命题与更迭变化的社会万象，为帮助更多的科学家实现创业创新梦想，贝达药业凭借自身高质量人才与高水平资源，将创新作为核心基因，从 2017 年开始，依托自身长期以来形成的靶向药物研究、开发、营销等优势，履行社会责任，构建了贝达梦工场。这个融合了开放、便利、丰富、立体等特征的生物医药专业众创空间具有国际领先水平，吸引了大批各领域专家人才前来驻场。在这个空间中，一大批金融服务、品牌建设、政务链接、人才招募、产权保护等相关服务快速接入，形成了生物医药创新的一站式商业生态。

---

① 农工党浙江省委会. 丁列明：回馈社会 为民解忧. http://www.ngd.org.cn/dyfc/471be98a242140b6b809a0da3e502f37.htm.

②. 今日临平. 小药丸撬动大产业 贝达药业谱写共富新篇章. http://www.linping.gov.cn/art/2021/9/29/art_1229520449_2157.html.

成人达己：社会责任助力共同富裕

2022年贝达梦工场已经建成Ⅱ期，入驻了包括阿里系在内的50多家企业，涵盖干细胞研究、基因检测、医疗大数据云平台等领域。美蓝（杭州）医药科技有限公司是第一批入驻贝达梦工场的企业之一，2021年成功研发ML-600静脉用药机器人，可有效解决人工配药效率低、风险大的问题。[①]

依托贝达药业，美蓝医药不仅在研发过程中获得了多家银行数千万元的信用额度，还和杭州多家三甲医院达成初步合作协议，预计未来产值可以突破1亿元。届时，还将租用梦工场内的2000平方米厂房用于扩产。

已入驻贝达梦工场的11家生物医药企业，涵盖诊断技术、医疗器械、肿瘤疫苗、细胞治疗、大分子研发平台、生物美容等细分领域。这些企业不是简单地在贝达梦工场聚集，而是形成一种"合作共赢"的模式。园区运营副经理周鹏表示："医药创新是一个大学科项目，需要不同领域的不同专家协同配合。只有这样，才能形成集群优势，对浙江省医药产业，特别是医药创新发展起到很大的推动作用。"[②]

贝达药业现有在研创新药项目30余项，涵盖肺癌、肾癌等抗癌药物，而且通过贝达梦工场这个生物医药众创空间，聚集了大健康领域相关企业，助推生物医药产业创新发展，为临平打造"共同富裕"样板区提供高质量的经济基础。

除了对人才发展的展望，提高基层医疗水平也是党中央、国务院做出的重大部署。贝达药业面对城乡差距，怀揣医疗行业的赤子之心，借助自

---

① 21财经网. 贝达药业：争做国产创新药研发的标杆企业. https://m.21jingji.com/article/20210201/herald/e2f7366c68e3c1ebfb6b2e592a98155b.html.

② 今日临平. 小药丸撬动大产业 贝达药业谱写共富新篇章. http://www.linping.gov.cn/art/2021/9/29/art_1229520449_2157.html.

身优质资源，立志为城乡共富做出贡献。2019 年 7 月，丁列明一行前往嘉兴市调研企业，对口帮扶当地相关药企。2020 年 4 月，丁列明带队赴湖州市安吉县专题调研生物医药及大健康产业，考察相关医药企业在产品经营过程中遇到的困难与问题，听取有关需求和意见建议，积极助推医药健康产业高质量发展，更好地实现惠及百姓。[①]

表 3-8 将贝达药业通过社会责任助力共同富裕的实践表现及启示加以归纳总结。

表 3-8　贝达药业社会责任助力共同富裕分析

分析维度	具体表现
社会责任行动	贝达药业打造梦工厂，助力抗癌新药研发项目创业成长，形成区域高地
共富特色	产业共富
核心能力/资源	自主知识产权、药物研究与开发能力
关键利益相关者	患者、生物医药企业
向心性	创新药物研究与开发，拓宽业务，促进自身发展
适当性	贝达药业集药物开发、生产与营销于一体，具备深耕医药创新的条件和实力
前瞻性	敢于首次拓荒国内小分子靶向抗癌药，打破垄断
可见性	以亲民价格满足患者药物需求；打造生物医药共创空间，形成集群优势
总体成效	保障国民药量需求，巩固自身业务发展，助推医药健康产业高质量发展
评价启示	这项社会责任行动能够很好地反映贝达药业对自己的定位，同时在国家危难之际表达医疗行业应有的社会责任与坚持向科学要答案、要方法的行动，全力打造贝达药业的品牌形象，延伸其价值链，对同行企业产生"创新持续发展"的影响

---

① 农工党浙江省委会. 丁列明：回馈社会 为民解忧. http://www.ngd.org.cn/dyfc/471be98a242140b6b809a0da3e502f37.htm.

四、贝达药业社会责任行动影响

发展是第一要务，人才是第一资源，创新是第一动力。丁列明时刻秉持着"杭州将是生物医药产业的乐土"[①]的认知，坚持把自主研发、战略合作、市场销售作为公司发展战略的三驾马车，同时公司不断加强自主创新，强化源头创新和转化研究，将产品经营和资本经营相结合，努力发展为一家新药研发公司。

贝达药业多年来持之以恒地真诚履行社会责任，不仅让公司持续保证较高的研发投入，以活跃的姿态追赶新时代，同时也感召了一大批有情怀、有责任、有担当的高层次人才集聚一堂。企业的共同富裕特色行动不仅树立了企业自身的品牌形象，同时也在战略意义上延伸了价值链，保证了长远可持续的发展与提升，更好地为利益相关者服务，也提升了自身的发展价值。

生物医药产业发展依靠创新，而创新的核心在人才，特别是海外高端人才。正是这些高端精英人才的集聚和作用发挥，使企业新药研发有了雄厚的资金保障，推动了企业新药研发达到国际前沿水准，助力浙江乃至全国生物医药产业取得丰硕成果。

第九节　社会责任助力产业共富的底层逻辑

从上述"社会责任助力产业共富"的案例中可以清晰地看到，这些企业

---

① 　新华网. 丁列明 杭州将是生物医药产业的乐土. http://www.zj.xinhuanet.com/2018hszf/dinglieming/index.htm.

履行战略性社会责任的特点在于，它们都找准并充分发挥自身领先、独特的科技创新能力优势，以此来解决特定利益相关者提出的真实期望，进而赢得社会对这些企业竞争优势的高度认可。例如，财通证券找到了金融产业，农夫山泉找到了偏远地区的果业，双枪找到了竹木业，三替找到了养老产业，贝达找到了医药产业。这些企业都是它们所处相应产业中的佼佼者，它们有能力帮助利益相关者解决好问题，即社会责任行动。与此同时，这些社会责任行动也为它们所在产业的创新变革做出了重要贡献。正是这种"企业自身能力与产业迫切需求"之间的完美匹配，促成了上述企业付出的社会责任努力最终实现"社会价值和商业价值共赢"的"成人达己"效果。

第四章

共建"一带一路"，助力全球共富

　　华立、恒逸、寿仙谷、正泰等一大批浙江企业在开展海外业务经营的过程中，积极响应"一带一路"倡议，实施了一系列与"一带一路"沿线的海外利益相关者共同成长、发展共赢的社会责任行动。与此同时，社会责任行动为这些企业在异国他乡实现可持续发展奠定了坚实基础，真正把中国故事和经验传播出去，撰写"一带一路"美丽商业故事。这些企业的卓越实践体现了"利用自身独特的发展创新能力优势，通过深度联结'一带一路'共建国家的多方利益相关者，实现共建共富"的第二种共富型社会责任实践路径，并反过来帮助自身实现可持续发展。接下来，本书将带领大家一起来了解这些案例企业如何承担战略性社会责任，助力全球共富。

第一节 华立——从青蒿素到中医药产业全球化

国家的需要及企业的可持续发展,是我们锁定航向、制定战略、采取行动的"原动力"。

——华立集团总裁汪思洋

一、华立创业发展史

华立集团于 1970 年正式创立。在生产电能表之前,华立是几家小作坊,产品包括竹器、扫帚、雨伞等。在艰苦创业过程中,华立逐渐明确自身优势,发展成为我国电工仪表行业领军企业。令人称道的是,这家行业龙头企业并没有止步于此,而是进一步思考多元化投资、跨领域发展,开始进军中医国药、精准医疗、医疗健康等相关服务领域,以及清洁能源、新材料、物联网、创业服务等产业。华立集团已经成为一个多元化投资发展的大型民营企业集团。

华立设定了"创全球品牌,树百年华立"的宏大愿景,高度重视创新研发,并努力走向世界舞台。华立专门成立了一系列科技研发中心以及数千人的科研团队。具体来看,华立拥有 3 个国家级技术中心、12 家高新技术企业、8 家省级企业技术中心、8 家产业研究院、8 个中国驰名商标以及 3 个博士后工作站。其中,华立旗下的昆药集团独具特色,是国家重点高新技术企业,也是我国医药工业百强企业。依托长久积累的制药技术和经验,昆药集团已经构建起医药学技术支持系统以及相当规模的中医药产业链,为华立贡献于中医药创新研发以及在全球扩大中医药影响力提供了坚实支撑。[1]

---

① 华立官网. https://www.holley.cn.

二、公司社会责任评析

在华立半个世纪的发展历程中，"增进社会福祉、实现人生价值"是华立不变的宗旨，"对社会负责、受公众尊重"是华立一以贯之的责任观。

在慈善捐赠方面，华立参与光彩事业和全国工商联扶贫帮困以及建设惠农产业总支出3亿多元，其中支援西部经济建设组建企业6354万元，青蒿素生产线改造1亿多元，青蒿种植等1亿多元，青蒿素良种繁育中心项目2800多万元。同时，华立还发起了环保、教育基金，在社会公益、慈善活动方面已累计捐助超过3亿元。

在责任制度建设方面，2007年，华立集团发布了中国民营企业首份社会责任评估体系《HL8000华立集团社会责任和评估体系（2007版）》，导入了社会责任标准，有计划地推进企业社会责任标准工程建设，华立的社会责任建设从自发的、零星的进入自觉的、系统的阶段。

在绿色发展方面，2007年，华立集团董事局主席汪力成个人发起并捐助设立了"浙江绿色共享教育基金会"，专门致力于帮助贫困学子完成"大学梦"，资助贫困地区的教育事业，宣传野生动物保护和环境保护。"绿色共享·助学行动"圆梦寒门学子，已帮扶3300多名贫困大学生；"绿色共享·助教行动"圆梦乡村教师，已帮扶30多个乡村教学点；"绿色共享·梦想计划"圆梦留守儿童，已帮扶30多所乡村学校；绿色共享环保活动守护绿色家园，分享健康生活，已吸引1万余人参与。

三、华立推动中医药惠及全人类

华立是全球唯一掌握了青蒿素全产业链的生产企业，产出了全球70%

以上的青蒿素药品,对青蒿素提取、产业化发展等产生深远影响。追溯青蒿素项目历史,是从 1999 年华立参与重庆大发展开始的。当时,华立从当地推荐的千余个项目中选中青蒿素抗疟药这一项目,这让外界感到惊讶。因为对于早期主要从事电工仪表生产的华立而言,并不具备医药行业知识专长,为何有这么大的信心来做成这个项目呢?事实上,这与从事青蒿素抗疟药研发的科学家团队紧密关联。华立正是被这支独具创新精神、执着坚韧的队伍所打动,并看到了未来成功跨界、走向全球的清晰蓝图。此后,华立集团敢于引领创新,给予青蒿素项目科学家团队足够支持,共同铸就了青蒿素抗疟药的产业化发展。

2002 年,华立集团入主昆药集团,是华立奠定面向全球产业化发展的重要一步。昆药集团是中国医药工业百强企业,也是国家重点高新技术企业。特别值得一提的是,昆药集团在制药特别是中医药制药领域积累扎实。华立与昆药的携手,促使青蒿素项目真正走向大规模产业化发展。最终,华立推出了从青蒿 GAP 前端种植、提炼、制剂生产,后端市场销售(尤其是非洲销售服务)的一体化产业链。①

以青蒿为媒,华立集团不断推动中医药产业走向全球。华立在云南拥有大量高品质的天然药物资源,并结合自身优势,提出了独具特色的提取、制剂等方案,不断提升药品质量。华立在自身具备充分竞争实力的基础上,开始实施国际化发展,为更多国际市场提供中药支持,也获得更加丰富的国际创新动能。

华立一直怀着增进社会福祉的初心,全力发展青蒿素制药。2006 年,华立正式成为商务部对外援助实施企业,其捐助的大量青蒿素药品被疟区

---

① 昆药集团官网. http://www.kpc.com.cn.

国家称为真正的"救命药"。在对外援助过程中，华立总共承担了300多个项目，向疟区国家供给了1800万人份总价值超3.5亿元的抗疟药品。在具体国际援助方式上，除了药品捐赠，华立还与中国疾病预防控制中心（CDC）一直保持着紧密合作。特别是在非洲疟区国家，华立不断尝试方法创新，除了免费发放药品和预防用品等，还不断地开展义务诊断、进行科普教育、开展技术培训、推动学术互动交流等活动，从而更好地传播疟疾预防治疗相关理念和方法，也推动整个国际产业链的健全。

华立在国际抗疟战"疫"中表现卓越，20年深扎非洲土地，获得了非洲人民的广泛认可，至少有10亿例疟疾病患者在青蒿素联合疗法下得以治愈。大家称华立青蒿素为最值得信任的中国品牌，是当地人的"救命药"。这些国际友好行动也为华立带来了快速发展的机遇。几十年的探索中，华立在尼日利亚、肯尼亚、坦桑尼亚等国家设立了子公司，还在其他40多个国家注册经营抗疟相关药品。

在共建"一带一路"引领下，华立在原有与众多非洲国家搭建的青蒿素产品销售渠道的基础上，进一步尝试把更加丰富的高品质中药产品推向国际市场，践行"走出去"战略，特别是从过去单一产品国际化，逐步推进为整个中药产业的国际化。具体而言，在昆药青蒿素产业的带动下，华立开始推动包括三七、天麻等更多高品质中药走向国际医疗舞台，开展国际化运营和配置，让传统中医药品牌真正有了全球发展的空间。华立已经把一系列云南高质量中草药推广出去。在出口的同时，华立也尝试与更多国家和地区建立起合作研发、合作销售等战略关系。例如，华立在美国成立"北美药物研发中心"。华立还在乌兹别克斯坦等国家开展研发、投资等多种形式的业务，真正迈出了我国制药企业国际化、"走出去"的战略步伐，也是我国药企向世界展现魅力的集中表现。[①]

表4-1将华立通过社会责任助力共同富裕的实践表现及启示加以归纳总结。

表4-1 华立社会责任助力共同富裕分析

分析维度	具体表现
社会责任行动	华立推动青蒿素等中医药技术国际化,为"一带一路"共建国家提供优质中医药资源
共富特色	全球共富
核心能力/资源	地理位置具备天然药物资源优势;植物提取、半合成药研究开发等处于全国领先水平的技术;青蒿素的产业化生产经验
关键利益相关者	全球身患疾病如疟疾的群体
向心性	中医药产业化生产符合华立集团大健康产业发展战略和昆药集团从"产品走出去"向"产业走出去"国际化战略转型升级的目标
适当性	昆药集团充分利用云南天然药物资源优势,结合自身实力,走自主研究与联合开发相结合的道路
前瞻性	打破了西药的市场垄断,向世界传播优秀的中医药文化
可见性	青蒿素治疗疟疾的效果显著,中医药对慢性病的治疗效果获得全世界的认可
总体成效	攻克疟疾难题,慢性病治愈率提高;中医药产业化程度提高;向世界传播优秀的中医药文化,为世界医学贡献中国智慧
评价启示	昆药集团所建立的"青蒿标准"是行业内的典范,有大局观、创业心、事业心、引领心;结合自身医药产业优势,开创了中医药发展的新时代

四、华立社会责任行动影响

成功源于责任。华立积极在国际舞台上履行社会责任,对自身发展产生了积极影响。华立所推动的不仅仅是一个青蒿素项目的产业化,也是通

---

① 晏珊. 华立青蒿素成中医药国际化"向导". http://www.xinhuanet.com//health/2015-11/30/c_12
8483260.htm.

过青蒿素这个窗口，让全世界看到了中药的独特魅力，为华立快速打造以医药为主业、"一主两翼"发展提供了强劲动能。特别是对于华立旗下昆药来说，面向国际社会开展的各类社会责任实践，让其快速织密自身以天然植物药为主，涵盖中药、化学药、医药流通等多个领域的业务网络。从结果来看，2017 年，昆药集团入选中华民族医药百强；2019 年，入选中国医药创新企业 100 强；2020 年，入选中国上市公司口碑榜"生物医药最具成长上市公司"。特别是在非洲市场中，华立和昆药都赢得了充分的信任和社会影响力，也成为其逐步走向世界的重要蓄力点。如今，华立坚定不移地把社会责任融入其业务创新实践中，正在快步朝着打造一家国内领先、国际先进创新型制药企业而不懈奋斗。

第二节　恒逸——文莱项目成为"一带一路"典范

对企业来说，走出去，走进去，走上去，更加需要与东道国的社区建立良好的互动关系，以企业发展成果回馈当地社区，这是树立中国负责任大国形象的需要，同时也是保障企业在海外持续稳健发展的需要。

——恒逸集团总裁倪德锋

一、恒逸创业发展史

1994 年成立的恒逸集团是一家专业从事石油化工与化纤原料生产的现代大型民营企业。集团现有员工 2500 余名，公司总资产已经超过 1200 亿元。恒逸于 2020 年首次跻身中国企业 500 强前 100 名，连续 16 年名列中国民营企业 500 强前 50 位。此外，恒逸还在 2021 年首次荣登《财富》世界

500 强第 309 位。

后向一体化是恒逸发展的重要战略路径选择,并构建起"石化 +",包含石化产业、石化贸易、石化金融、石化物流等战略思想。恒逸已经成功涉足聚酯熔体直纺和 PTA 等项目,并与中国石化共建己内酰胺项目,打造混合所有制改革的创新样板。恒逸坚持把"让中国悠久的纺织历史在我们这一代人身上再次闪射耀眼的光芒"作为自身创业初心,也把"建百年长青基业,立世界名企之林"作为自身发展使命。恒逸按照"总部 + 科研 + 基地"三位一体发展模式,深入理解并践行"创新驱动发展"的总体战略,已经成为一家达到国际一流水平的石化产业集团。[①]

为参与共建"一带一路",恒逸在文莱运作了中文两国合作的旗舰项目——恒逸文莱炼化项目。这个项目的建成投产,促使恒逸打通全产业链,并形成了真正的一体化经营。恒逸已经成为全球范围内首家聚酯年产能超过千万吨的集团企业。同时,恒逸旗下参控股企业 PTA 的年产能(含在建项目)已经达到 2200 万吨,稳居全球第一。

二、公司社会责任评析

作为一家有着高度责任感的民族企业,恒逸集团以实际行动践行社会责任担当,在公司高质量发展过程中勇立时代潮头、争担时代使命。

在引领产业创新变革方面,恒逸集团围绕"石油 +"战略进行布局,推出恒逸微商城、智能物流仓储系统、金融信贷服务等一系列项目,打造化纤产业互联网平台,通过自身的数字化转型为全球化纤行业提供数字化解决方案,促进产业协同。

---

① 恒逸官网. http://www.hengyi.com.

在打造优质雇主品牌方面,恒逸集团以"共同富裕示范单位"为目标,推出股权激励和员工持股两大计划。在严格保障女性职工权益的同时,创办福利企业(恒逸聚合物)对残障职工进行培训与安置,践行公司"执着恒逸,和谐家园"的文化理念。

在打造共赢生态网络、赢取全球责任口碑方面,恒逸集团与文莱政府携手共建恒逸文莱炼化项目,促进文莱经济多元化发展,推进恒逸产业国际化布局,成为中国企业"走出去"的典范。在新冠疫情蔓延之际,恒逸驰援文莱抗击疫情,更是践行了中国企业的责任担当。

在推进环境治理、促进可持续发展方面,恒逸集团秉持绿色环保理念,研发可再生的生物基材料与无锑环保聚酯产品"逸钛康",努力实现高效益、低消耗、零污染的目标;推出共享托盘项目,采用可循环使用的塑料托盘进行数据采集与信息读取,实现物流实时追踪和配送全程可视化,打造新型绿色环保共享经济;携手文莱环保部门与学者对当地珍稀动植物进行迁移,并建立水资源循环系统,坚守环境保护底线。①

三、恒逸参与共建"一带一路",赋能全球共富

文莱是一个拥有天然气和石油等丰富自然资源的国家。受到国际油气产量波动以及国际原油价格下滑等国际宏观因素影响,文莱面临着严峻挑战。因为其十分依赖油气产业,油气产业是该国主要经济收益来源,与国家稳定和人们生活水平提升紧密相关。正是基于这一大背景,2008 年,文莱政府提出"2035 宏愿",向全球各国发出邀请,希望通过吸引外资进驻文

---

① 恒逸石化. 2020年度社会责任报告. https://pdf.dfcfw.com/pdf/H2_AN202106081496754103_1.pdf?1648324329000.pdf.

莱,有效规划并建设各类产业园区,更好地带动文莱经济多元化发展。①

一方面是对文莱提出"2035宏愿"的积极回应,另一方面也是积极响应参与共建"一带一路"的实际行动,恒逸石化主动寻求与文莱政府开展深度合作,共同打造了恒逸文莱炼化项目,被列入首批"一带一路"重点建设项目。② 这是一个以原油、凝析油为原料的炼油化工一体化项目。它在文莱顺利落成,标志着全球首个全面执行中国标准的大型海外石化项目正式获得外界认可,成为我国民营企业在海外落成的最大投资项目。事实上,这也是迄今为止,文莱政府实现的最大的外国直接投资项目。

恒逸石化作为全球领先的大型石油化工企业,在油气产业链下游产业建设方面有充分的实践经验与技术支撑,可助力文莱布局油气产业链下游市场以有效地缓解甚至告别该国对石油的高度依赖,以帮助该国人民闯出依靠自身勤劳和智慧的致富之路。同时,这一实践也显著助推共建"一带一路"在世界经济高质量发展中发挥更加重要的作用。③

在具体实践中,恒逸文莱炼化项目在落地文莱的同时,把大量收益和价值拿出来与文莱民众分享。具体而言,恒逸文莱项目专门成立了企业社会责任委员会并设立相应基金。该社会责任委员会积极作为,首先设定了500万文莱元的专用社会责任基金,并从该项目每年的利润当中划出一定数额资金继续向该基金"输血"。此外,企业社会责任委员会依托炼化项目,与文莱政府、当地民众等多方面利益相关者形成了深度交流,充分了解多方利益期望,达成发展共识,一起创造全球视野下的共同富裕。

---

① 商务部国际贸易经济合作研究院,中国驻文莱大使馆经济商务处,商务部对外投资和经济合作司. 对外投资合作国别(地区)指南:文莱(2020版). https://www.investgo.cn/upfiles/swbgbzn/2020/wenlai.pdf.
② 恒逸官网. 恒逸文莱项目荣获国家优质工程金奖. http://www.hengyi.com/news/html/?1083.html.
③ 恒逸石化.2020年度社会责任报告. https://pdf.dfcfw.com/pdf/H2_AN202106081496754103_1.pdf?1648324329000.pdf.

这样的社会责任行动对于以油气产业作为主要经济支柱的文莱而言至关重要。恒逸文莱炼化项目不仅带来了额外经济收益，更重要的是，这个项目帮助当地持续培养高质量专业人才。恒逸在运作该项目时，雇用了大量本地的劳动力，努力实现人员本土化，制订并落实本地员工长期培养计划，还通过师徒结对机制等，促使中国熟练工与407名本地员工开展结对帮扶，并对其进行一对一的日常指导与培养。此外，项目还专门开设职业操作资格认证相关培训，支持本地员工提升专业能力、获取资格证书。①

除了项目现场的人才培养计划，恒逸还牵头构建"校校企"人才培养合作项目。这一做法是恒逸与各方协同努力的成果，是实现文莱化工人才本土化与产学研一体化的重要举措。具体而言，2014年开始，由浙江大学、文莱大学以及恒逸集团共同推出的"校校企"模式，成为国际上培养石油化工专业人才的一个标杆性项目。在这个项目中，文莱大学负责开设前期基础课程，成立"恒逸石油化工人才班"；浙江大学负责学员在中国所要学习的各方面专业知识和技能；恒逸集团则负责落实这些学成后的学员能够进入恒逸工厂开展实习，并在所有学习培养环节顺利结束后，为他们提供优质的就业机会，让他们各展所长。必须说明的是，这一国际合作项目中，尤其是学员来到中国学习以及后续实习相关的费用都是由恒逸解决的，从而保障学员可以安心学习。从结果来看，大量毕业于该人才班的文莱学员最终选择前往恒逸文莱公司就业。因此，一方面，恒逸依托该创新实践，帮助文莱培养了众多优秀专业人才；另一方面，恒逸也在这个项目当中收获颇丰，特别是拥有了一大批量身定制、最能适用于恒逸创新发展的优秀

---

① 恒逸石化.2020年度社会责任报告. https://pdf.dfcfw.com/pdf/H2_AN202106081496754103_1.pdf?1648324329000.pdf.

人才，做到学习与工作无缝对接。①

总而言之，教育合作是共建"一带一路"的重要领域，浙江大学、文莱大学、恒逸集团共同打造的这一人才联合培养项目产出了远远超乎大家预期的经济和社会价值，有利于两国人才生活质量提升、创造更多可持续发展的未来财富，是真正践行国际共同富裕的精彩案例。

表4-2将恒逸通过社会责任助力共同富裕的实践表现及启示加以归纳总结。

表 4-2 恒逸社会责任助力共同富裕分析

分析维度	具体表现
社会责任行动	恒逸结合国内优质教育资源，助力文莱联合人才培养
共富特色	全球共富
核心能力／资源	油气产业链建设方面充分的实践经验与技术支撑
关键利益相关者	文莱政府；本地企业；本地劳动力
向心性	恒逸文莱炼化项目是共建"一带一路"重点建设项目，是公司向国际产能合作、产业链一体化战略目标迈出的关键一步
适当性	恒逸集团在油气产业链下游产业建设方面有充分的实践经验与技术支撑，能有效助力文莱布局油气产业链下游市场
前瞻性	恒逸文莱炼化项目是首个全面执行中国标准的大型海外石化项目
可见性	文莱人才质量和就业率显著提升，油气衍生产业进一步发展
总体成效	优化了恒逸产业布局，推动文莱经济转型与增长
评价启示	通过多方协作，让国内企业走出国门，赋能全球共同富裕。恒逸文莱炼化项目也成为中文两国友好合作、共建"一带一路"的典范

四、恒逸社会责任行动影响

恒逸文莱炼化项目不仅优化了企业自身产业布局，更是对共建"一带一路"与"走出去"战略的积极响应，荣获2020—2021年度国家优质工程

---

① 恒逸官网. 恒逸牵头构建"校校企"新生态. http://www.hengyi.com/news/htm/?733.html.

金奖，被列入首批"一带一路"重点建设项目，得到了中文两国政府的大力支持。[①] 由恒逸集团牵头构建的浙江大学-文莱大学-恒逸化工人才联合培养项目也得到了社会的广泛认可，获得了 2021 年浙江省教学成果奖。

恒逸集团对标联合国可持续发展目标（SDGs），以助力共同富裕为目标，从不同维度开展企业社会责任行动，取得了良好的社会效益。近年来，恒逸不断提升综合竞争力，跻身世界 500 强企业行列，这离不开利益相关者的支持，同时也是恒逸自身综合治理水平不断提升的体现。

在承担社会责任、助力共同富裕的道路上，恒逸在捐助等传统的企业社会责任行动之外进行更多的模式创新，将社会责任行动与企业自身产业链结合得更加紧密，从而实现价值链的延伸，为共同富裕的实现创造出更强的推动力。

第三节　寿仙谷——中药国际标准引领者

做药是一个积德的产业，需要尽最大的努力去做，既要在技艺上不断精进，更要坚守至诚的品德。

——寿仙谷董事长李明焱

一、寿仙谷创业发展史

浙江寿仙谷医药股份有限公司成立于 1997 年，是一家集名贵中药材和珍稀食药用菌品种选育、研究、栽培、生产、营销等于一体的中华老字号

---

① 恒逸官网. 恒逸文莱项目荣获国家优质工程金奖. http://www.hengyi.com/news/html/?1083.html.

企业、综合性现代中药国家高新技术企业。其寿仙谷药号始建于清宣统元年(1909)。2017年5月,寿仙谷在上海证券交易所主板成功上市,成为中国灵芝、铁皮石斛行业第一股。[①]2020年公司实现营收6.36亿元,同比增长16.33%。

寿仙谷公司以"科技立企、市场兴企、管理强企"为发展战略,拥有一支由掌握尖端高科技的专家和学者组成的强大科研队伍。公司有研发人员118人,其中院士4人,中高级职称人才33人,在职博士2人;研发团队成员涉及医学、药学、中药学、食用菌、化学检测检验、农学、营养学、生物化学及分子生物学等专业。

寿仙谷秉承"重德觅上药、诚善济世人"的理念,恪守"为民众的健康美丽长寿服务,创百年寿仙谷"的企业宗旨。寿仙谷掌门人李明焱将"有机"与"中药"创新结合,率先提出做有机国药的理念,致力于弘扬和发展中华医药事业,将寿仙谷打造成为有机国药第一品牌。为了做好灵芝这味中药,李明焱带领科研团队,在育种、栽培、深加工、质量控制等方面开展科研攻关,建立完善的中药全产业链,推进高水平基础研究和高技术应用研究,现已成为"中医药——灵芝"ISO国际标准制定承担单位。

二、公司社会责任评析

寿仙谷怀着做"百年老店"的梦想,走可持续发展之路。作为大健康产业先锋企业、上市企业、浙产名药的龙头企业,寿仙谷持续在各类公益事业中发挥作用,特别是在教育扶贫、健康扶贫、乡村建设、抗击疫情等方面积极开展丰富的公益活动,践行企业社会责任。

---

① 寿仙谷官网. http://www.sxg1909.com.

具体而言，在健康扶贫方面，2015 年，寿仙谷担当站长，设立专门的基金积极创建国家示范项目"慢病防治健康行"浙江站。通过努力，寿仙谷帮助民众充分意识到防治慢性病的重要性，积极推广健康的生活和工作方式。此外，公司还与浙商博爱基金合作，通过捐款等方式助力"健康中国"等重要健康主题活动。为了更好地发展未来健康事业，寿仙谷还专门投入1000 万元成立"寿仙谷博爱基金"，主要用于深入开展医学研发工作，并为老人、弱势群体等提供更多必要的公益支持。

在捐资助学方面，寿仙谷投入了大量资金用于改善乡村地区的教育环境。例如，寿仙谷与武义县红十字会密切合作，为泉溪小学等多所小学筹款，帮助贫困学生解决上学难问题，也逐步改善当地各类教学软硬件设施情况。此外，公司还捐款 200 万元设立寿仙谷武义一中奖学金、寿仙谷贫困学子助学金等专门奖学金，激励更多学生认真学习、积极上进、快乐成长。

在美丽乡村建设方面，2012 年起，寿仙谷联合红十字会、慈善总会等组织，每年投入大额资金参与美丽乡村建设工作。寿仙谷乐于与贫困山区、困难人群结对，深入了解他们的需求，从而帮助他们解决心头所急，实现公益帮扶的真正价值。

在抗击新冠疫情方面，寿仙谷的表现同样令人称道。寿仙谷向国内各地医护人员以及海外侨胞捐赠了总价值超过 1000 万元的公司产品，帮助大家应对疲劳、增强抵抗力等。这些行动得到了大家的广泛认可，寿仙谷也荣获"中国红十字奉献奖章"等荣誉。[①]

---

① 寿仙谷官网. 喜报！寿仙谷再获"中国红十字奉献奖章". http://www.sxgoo.com/gysxg/468.jhtml；寿仙谷官网. ISO国际标准新闻发布会在上海举行 寿仙谷助推中医药走向世界. http://www.sxgoo.com/gysxg/index_4.jhtml.

三、寿仙谷勇扛龙头大旗，优化中药国际标准

过去，中药市场存在中药材种植和加工过程不规范的问题，导致中药质量安全堪忧。不仅消费者的食品安全难以保障，中药补品的市场占有率也因此受到影响。经过数年的研究与实践，寿仙谷提出了中药全产业链理念，即贯穿科学研究、育种、栽培、提取、临床等全过程，通过培育新兴医养健康产业集群，进行产业赋能，最终打造出高质高效医养健康产业链。

特别值得关注的是，随着国际上越来越重视天然药物的科研，很多发达国家开始以安全理由对相关产品和企业设置大量壁垒。统计数据显示，被拒之门外的中药产品中，超过 60% 的拒绝理由是绿色壁垒。事实上，这背后涉及谁掌握行业标准制定权的问题。在共建"一带一路"的背景下，主导中医药标准制定具有重大意义。然而，我国在中医药标准制定方面一直处于弱势地位，很难获得相关主导权，由中国主导进行制定以及发布的中医药国际标准数量甚少。

寿仙谷在这方面做出了巨大贡献。凭借其关键核心技术的创新成果，寿仙谷当仁不让地承担起制定《中医药——灵芝》和《中医药——铁皮石斛》两项 ISO 国际标准的工作。[①] 这一方面体现出寿仙谷多年沉淀积累下来的卓越科研能力和扎实基础，具备了制定具有全球影响力的、科学的、客观的行业标准的实力；另一方面也促使国际社会对相关中药领域有了全新理解，对中国在全球中医药行业标准制定方面扮演的角色有了全新认识。寿仙谷是唯一一家实现同时主导制定两项中药材国际标准的中国企业。

令人欣喜的是，涉及灵芝和铁皮石斛等中药材的两项国际标准已经在

---

① 寿仙谷官网. 2020年浙江省标准创新贡献奖颁发! 寿仙谷制定灵芝和铁皮石斛两项国际标准再获殊荣. http://www.sxgoo.com/gysxg/459.jhtml.

美国、澳大利亚、加拿大、德国等 30 多个国家和地区得到应用，实现了标准转化和互认功能，形成了国际行业影响力，促使国际医药行业发生了巨大变化。与此同时，这些参与国际标准制定的责任行动也帮助寿仙谷自身实现全新发展。依托自身在灵芝、铁皮石斛等国际贸易中的竞争力，寿仙谷充分带动行业的发展，显著提升我国在国际中医药标准制定中的主导地位，意义重大。

表 4-3 将寿仙谷通过社会责任助力共同富裕的实践表现及启示加以归纳总结。

表 4-3　寿仙谷社会责任助力共同富裕分析

分析维度	具体表现
社会责任行动	寿仙谷打造高质量中医药标准，携手"一带一路"共建国家共同发展中药医疗
共富特色	全球共富
核心能力 / 资源	全产业链模式探索经验、强大的科研能力
关键利益相关者	消费者、同行业其他企业、中国政府
向心性	有助于保证公司产品质量，提高公司知名度和权威性
适当性	寿仙谷在中医药领域有充足的经验、实力和权威性，适合作为商业生态优化的引领者
前瞻性	突破固有生产模式，打造了高质高效医养健康产业链；破除中医药出口壁垒，对中医药国际化发展意义重大
可见性	全产业链模式让消费者切实感受实惠，并为同行业企业提供了可借鉴的成熟模式；标准的制定为灵芝及铁皮石斛类中药材出口提供便利
总体成效	给行业发展带来诸多启发，带动了我国灵芝及铁皮石斛产业发展，有利于改变中国在国际中医药标准中处于弱势地位的现状
评价启示	作为产业龙头，寿仙谷对产业生态的优化具有长远目光和大格局。对于生产过程中遇到的问题，寿仙谷选择建立全产业链的模式，从整体、本质解决了中药材产品品质问题，不仅直观地让利消费者，更在行业内树起标杆。其后投入科研，制定行业标准，提高了我国灵芝和铁皮石斛行业在国际市场上的竞争力，对中医药国际化意义重大。寿仙谷的整体与大局观值得学习借鉴

四、寿仙谷社会责任行动影响

作为浙产名药走向世界的责任担当者,寿仙谷参与制定的两项 ISO 国际标准为灵芝、铁皮石斛行业发展提供了重要基础,促使中医药向国际化发展迈进了坚实的一大步。其中特别值得一提的是,2019 年,国际标准化组织中医药技术委员会专门向寿仙谷颁发了国际标准制定重大贡献奖。这一特殊奖项正是用来表彰寿仙谷在推动行业实现可持续发展、促使国际中医药行业创新变革方面做出的重要贡献。

多年来,寿仙谷在社会责任方面的诸多表现,从帮扶贫困,到慢病防治,再到疫情捐赠等,为企业赢得了良好的社会声誉,寿仙谷品牌也深入人心。在国际和国内舞台上,充分展现自身责任担当的寿仙谷赢得了众多荣誉,例如"2019 中国品牌影响力 100 强""2020 年浙江省标准创新贡献奖优秀贡献奖"等,这些都充分印证了寿仙谷把自身业务发展与全球行业健康成长紧密联系在一起的积极价值。

第四节 正泰——构建光伏全球共赢生态圈

企业不能唯利是图,要把经济责任、社会责任和环境责任有机地结合起来。

——正泰集团董事长南存辉

一、正泰创业发展史

正泰集团于 1984 年正式创立,是工业电器和新能源等相关行业领域中的领军企业，业务遍及 140 多个国家和地区，是中国民营企业 100 强之一。作为行业领跑者，正泰敏锐地观察到现代能源、智能制造以及数字化技术正在经历深度融合的商业社会发展大趋势。相应地，正泰迅速提出"一云两网"的企业发展战略，突出新能源、大数据等企业核心业务，打造光伏设备、储能、输配电等支柱业务，形成企业平台，构筑区域智慧能源综合运营管理生态圈，为公共机构、工商业及终端用户提供一揽子能源解决方案。

正泰拥有技术、市场、创新力等多重优势，正泰以客户为中心，将创新、协作、正直、谦学、担当作为企业核心价值观，以优化电力能源为企业使命，以"成为全球领先的智慧能源解决方案提供商"为企业愿景，朝着绿色节能、创新发展、合作共赢的价值目标持续努力着，承担其社会责任并创造更多价值。[①]

特别值得一提的是，正泰积极打造全球化发展平台，已经成功地在北美、欧洲、亚太地区建立了三大全球研发中心，与清华大学等国内知名院校、机构合作，用"产学研"融合模式整合全球创新资源。凭借上述努力，正泰于 2019 年荣获"全国民族团结进步模范集体"称号。此外，正泰也光荣地进入共建"一带一路"中国企业 100 强榜单。

二、公司社会责任评析

正泰以实现经济、环境、社会效益最大化为目标，积极承担社会责任，践行绿色发展，走可持续发展之路。

首先，正泰推动创新发展，引领产业创新、构建共赢生态网络，积极

[①] 正泰官网. https://www.chint.com.

反对不正当竞争。正泰用创新技术开发新能源、优化产品、进行供应链升级,作为工业电器和新能源行业领跑者,正泰也引领产业创新变革,用云平台、物联网等进行业务升级,同时做好榜样,对抗行业不良风气,为产业的可持续共富做出贡献。正泰还在农村等贫困地区开展"光伏+"模式的试验,建设创新创业产业园、签署战略合作等,帮助贫困地区增加收入,构建共赢网络,实现城乡共富。

其次,正泰引领开放包容的态度,积极参与国际公益、打造全球责任品牌。正泰主动打开国际市场,关注国际公益发展,为行业整体扩大发展空间,树立良好的中国企业形象。

再次,正泰促进社会和谐,推动社会公益发展、开展新型慈善。如积极开展公益捐赠,成立正泰公益基金会,为奖励创新与应对灾情等杰出代表给予资金和物资的支持,承担企业社会责任。

最后,正泰践行绿色环保理念。正泰从主营业务出发,用产品创新推动绿色发展,进行"光伏+"的发电探索,减少燃煤等原始发电方式带来的巨大污染,以实际行动保护生态环境。

三、正泰构建国内外共赢生态圈

在共建"一带一路"的背景下,正泰积极参与、主动行动,与"一带一路"共建国家紧密合作,特别是通过设立各类研究院以及子公司的模式,拓宽中国电器的海外市场,创造更丰富的业务需求。正泰在泰国、越南、埃及等国家均已设立了区域厂,并将销售网点以及提供物流服务的相关站点分布到了全球140多个国家和地区。正泰在全球投资并参与建设的大量光伏电站成效显著。显然,这些都是正泰参与共建"一带一路"、践行绿色低碳转型的成绩单。

正泰于 2020 年在埃及本班光伏产业园正式建成并全面投产清洁能源基地。正泰通过向埃及源源不断地输出中国高端光伏产品生产和管理等各类先进经验，预期 2025 年就可以帮助当地真正实现电力零排放。正泰的努力赢得了埃及政府和当地民众的广泛支持，甚至把它印制到了当地货币上，成为一张对外宣传的"绿色"金名片。

事实上，这张"绿色"金名片不仅出现在埃及，也出现在了荷兰格罗宁根。在当地光伏电站建造项目中，正泰"变废为宝"，把已经废弃的污染土地神奇地转变成为发展可持续能源项目的宝地。此外，正泰还参与了柬埔寨达岱河水电站项目建设，帮助柬埔寨解决了电力基础差的难题，有效提升民众生活质量。

正泰充分意识到，想要让项目持续稳健做下去，就不能仅依靠从正泰总部派来的员工，而必须培育更多本土化人才。因此，正泰不仅在当地不断开展技能培训，还组织海外员工前往中国总部开展各类学习活动，以及推动各类激励计划，强调员工与企业共命运、共发展。①

表 4-4 将正泰通过社会责任助力共同富裕的实践表现及启示加以归纳总结。

表 4-4　正泰社会责任助力共同富裕分析

分析维度	具体表现
社会责任行动	正泰给"一带一路"共建国家树立光伏模范，助力当地绿色低碳转型
共富特色	全球共富
核心能力 / 资源	行业内顶尖的研发技术、优越的社会资源

---

① 郑亚丽. 正泰集团参与的"一带一路"项目为何被印在埃及钱币上？ https://baijiahao.baidu.com/s?id=1716837789340359415&wfr=spider&for=pc.

分析维度	具体表现
关键利益相关者	共建"一带一路"合作企业
向心性	有利于正泰拓宽业务范围，提升企业影响力
适当性	先进的技术与优质的服务能力，为创新研发提供足够支持；已有的社会基础、资金基础等，为带动产业变革创造可能
前瞻性	正泰同共建"一带一路"合作伙伴扎实开展国际产业合作、共同探索生态友好型发展模式
可见性	共建"一带一路"合作企业能源建设成果显著
总体成效	在产业共富的建设中获得了自身建设、社会价值创造等多重收益，为能源产业的绿色创新式发展提供了参考
评价启示	正泰在产业共富上做出的多样化尝试带来了较好社会影响，同时为同行业企业树立了学习模范，说明能源行业仍要以可持续发展为根本方向，在创新中寻找更优思路，同时创造更大收益

四、正泰社会责任行动影响

正泰以满足国内外各类利益相关方期望为基本出发点，开展了大量社会责任创新项目。一方面，这些项目赢得了社会各界的广泛认可，赢得了包括"抗击新冠肺炎疫情先进民营企业""全国百佳质量诚信标杆示范企业"等众多社会责任荣誉称号。另一方面，积极参与社会责任行动，特别是在"一带一路"共建国家开展的国际社会责任实践，在帮助当地解决棘手难题的同时，也反哺了正泰主营业务持续发展，为不断实现自身发展战略提供了坚实保障。积极承担国际社会责任的正泰赢得了业内同行的广泛好评，持续为全球共富、绿色共富贡献力量。

正泰还密切关注物联网、大数据、人工智能等新兴技术，不断探索成为"全球领先智慧能源解决方案提供商"的发展道路，力争提供更清洁、高效的能源，以帮助全球推动碳中和进程，实现"双碳"目标，提出更多经济可持续发展的高质量能源解决方案，把"光伏+"的成功能源运营模式介绍给更多共建"一带一路"合作企业，推动实现全球共富。

第五节 社会责任助力全球共富的底层逻辑

从上述"社会责任助力全球共富"案例中不难发现，这些企业履行战略性社会责任都具备同一特点，它们都充分找准并利用好自己的独特能力或资源优势，回应利益相关者的现实期望，从而收获了"一带一路"共建国家民众对它们的认可与支持。例如，华立找准了"一带一路"共建国家对青蒿素的需求，恒逸找准了"一带一路"共建国家对人才培育的需求，寿仙谷找准了"一带一路"共建国家对中医药的需求，正泰找准了"一带一路"共建国家对绿色环保发展的需求。这些企业通过践行战略性社会责任，为"一带一路"共建国家人民解决了社会问题，创造了丰富资源和机会，同时也促使它们与国家发展紧密关联，对企业自身的国际化健康发展也有重大意义。正是这种"企业自身能力匹配共建'一带一路'需求"的组合模式，促成了上述企业付出的国际社会责任努力真正实现社会价值和商业价值共赢，实现"成人达己"。

第五章

促进城乡融合，助力乡村共富

创建和谐美好社会，企业扮演着非常重要的角色。阿里巴巴、传化、海亮、横店、万事利、吉利、娃哈哈、连连支付等众多浙江企业纷纷发挥自身所长，在缩小城乡差距、促进教育公平、推动乡村振兴等诸多领域，打造出极具特色的社会责任创新样板，助力乡村共富。值得强调的是，这些社会责任行动不仅为乡村地区创造了丰富价值，也为企业自身带来了持续活力。这些企业的卓越实践体现了"利用自身差异化能力优势，通过促进城乡有机融合，带动多方利益相关者实现共富"的第三种共富型社会责任实践路径，并反过来帮助自身实现可持续发展。接下来，本书将带领大家一起来了解这些案例企业如何开展战略性社会责任实践，实现乡村共富。

第一节　阿里巴巴——数字化助力乡村振兴

建设更健康的平台经济，为"网络强国"和"数字中国"的建设贡献绵薄之力。这不仅是国家的要求，也应该是每一个有社会责任感的企业的自我要求。

——阿里巴巴集团董事会原主席张勇

一、阿里巴巴创业发展史

阿里巴巴集团成立于 1999 年，主要为商家、品牌、零售商及其他企业提供技术基础设施以及营销平台，帮助这些主体借助新技术的力量与用户和客户进行互动，从而更高效地经营。阿里巴巴的业务包括中国商业、国际商业、本地生活服务、菜鸟、云业务、数字媒体、金融服务、娱乐等业务。

阿里巴巴已经构建起了一个涵盖消费者、商家、品牌、零售商、第三方服务提供商、战略合作伙伴及其他企业的数字经济体。[①]2019 年《财富》未来 50 强榜单公布，阿里巴巴排名第 11。同年，阿里巴巴在"一带一路"中国企业 100 强榜单排名第 5 位。

基于"让天下没有难做的生意"的使命，阿里巴巴从一开始就将公益注入商业模式。公司创立至今，阿里巴巴大力支持及参与公益和社会责任项目，并致力于建立一个包容的、技术驱动的数字经济体，通过"公益心态、商业手法"，助力公益事业。作为全球领先的互联网平台企业，阿里巴巴的用户基数庞大，注重产业链的可持续性，在数字经济基础建设方面具有独特优势，这也为其践行企业社会责任、助力共同富裕提供了着力点。

---

① 阿里巴巴官网. https://www.alibabagroup.com/cn/global/home.

二、公司社会责任评析

企业社会责任是企业发展的核心竞争力。阿里巴巴认为，企业社会责任内生于业务和商业模式，源于矢志不渝的创新，成于人人参与的责任共振。在引领产业创新变革、构建共赢生态网络方面，阿里巴巴积极响应乡村振兴战略，将"阿里巴巴脱贫基金"升级为"阿里巴巴乡村振兴基金"，并同时发布了"热土计划"，围绕科技振兴、产业振兴和人才振兴三个方面，希望持续以扎扎实实地投入和探索，给乡村带去实实在在的帮助。自 2017 年 12 月阿里巴巴脱贫基金成立至 2020 年底，832 个原国家级贫困县在阿里巴巴平台网络销售额已超过 2700 亿元。同时，阿里巴巴面向未来，全力投入数字新基建建设，通过商业、物流与互联网金融的互促发展，推动社会经济在新发展阶段更快创新，从而优化生态，与各行各业协同走向未来。[1]

在推动社会公益创新方面，阿里巴巴发起"人人 3 小时"号召，鼓励员工参与社会公益。截至 2021 财年底，阿里巴巴员工总公益贡献时数累计已超过 62.3 万小时。[2] 阿里巴巴员工的公益"奥斯卡"——橙点公益榜颁奖典礼中诞生了蚂蚁森林、团圆系统等多个现象级公益项目，鼓励社会群体共同参与公益行动，从而创造了巨大的社会价值。此外，还推出马云非洲青年创业基金，支持非洲年轻人创业；设立非洲巡护员奖，奖励非洲一线护林员……阿里巴巴的一系列国际公益行动也荣获全球知识产权保护和科技创新奖，赢取了全球责任口碑。

在参与环境保护、推动可持续发展方面，阿里巴巴也一直在行动。2020年天猫"双 11"期间，菜鸟联动海内外 500 多个商家，将原有塑料快递包

---

[1] 2020—2021阿里巴巴社会责任报告. https://www.sohu.com/a/485172392_407401.

[2] 2020—2021阿里巴巴社会责任报告. https://www.sohu.com/a/485172392_407401.

装袋替换成生物基环保快递袋，并通过算法优化包装，实现减塑 7.9 万公斤。蚂蚁森林作为一款手机互动游戏，让 5 亿余人参与种树的事业。菜鸟推出的"菜鸟海洋"则体现了阿里巴巴在环保领域的探索已从陆地拓展到海洋，试图带动更多社会力量保护海洋环境。阿里巴巴发布的《迈向零碳时代·2021 减碳账单报告》显示，2020 年，阿里云自建基地型数据中心交易清洁能源电量 4.1 亿千瓦时，同比上升 266%，减排二氧化碳 30 万吨，同比上升 127%。[①]

三、阿里巴巴用数字化助力乡村振兴

2020 年，中国完成了脱贫攻坚的伟大壮举，进入了乡村振兴的新征途。为实现共同富裕，如何优化乡村地区产业模式、提高就业质量、实现民生保障等方面备受关注。作为参加和建设中国数字经济的重要力量，阿里巴巴在数字经济的基础设施建设方面具备独特优势，包括商业的力量、物流的动能以及互联网金融的能力。2021 年 9 月，阿里巴巴集团正式开启了"阿里巴巴助力共同富裕十大行动"，预计到 2025 年将累计投入 1000 亿元，围绕科技创新、经济发展、高质量就业、关爱弱势群体和共同富裕发展基金五大方向展开。[②]

在乡村产业模式优化方面，由于人才稀缺、物流落后等原因，农产品依托电商媒介销售的数量与质量亟待提高，产业氛围也需进一步营造。同时，我国农业生产、流通较为混乱无序，且农产品具有存放时间短的问题，这导致其难以进行商品化。为解决农户面临的上述难题，阿里巴巴在全国

---

① 2020—2021阿里巴巴社会责任报告. https://www.sohu.com/a/485172392_407401.
② 阿里巴巴官网. https://www.alibabagroup.com/cn/news/press.

设立数字乡村县域产地仓，充分利用当地仓储、园区等场地资源，进行数字化创新改革，将店面设置为商品展示区，仓库设置为货物存放、检测、分拣区。阿里巴巴已经在全国建成了 1000 个数字农业基地，5 个数字化大型产地仓，1000 多个菜鸟县域快递共同配送中心，一年可为全国各地供应 100 万吨生鲜农产品。

为深入了解制约乡村发展的主要因素，更具针对性地解决当地发展的实际矛盾与需求，阿里巴巴还打造了"特派员"模式，选派资深阿里人扎根乡村，实现当地需求与阿里巴巴资源的有效对接。特派员把互联网接到了大山深处，把培训送到了田间地头，把不少原来手握锄头的大爷大妈变成了一键可与长三角市民同步的"数字农民""直播达人"，让电商成为"链接扶贫"的有效工具。阿里巴巴还协助当地建起智能物流中心，完善农产品产销网络。作为乡村振兴的助力者和探索者，阿里巴巴希望通过"特派员"的模式，找到把阿里巴巴的科技平台能力有效落实到乡村实际的解决方案，真正助力乡村发展，这也是阿里巴巴在新时代履行社会责任的一种探索。[①]

在乡村人才振兴方面，收入低、发展机会少，这些问题让很多农村地区的青年选择背井离乡，外出打工，这导致农村空心化形势日趋严峻，农村留守儿童、留守老人等问题日益凸显。青年是新时代乡村振兴的中坚力量，让青年留下来建设乡村，乡村才有希望。2020 年，受新冠疫情影响，部分小镇青年在家待业，无法外出打工，这让他们失去了收入来源。在此背景下，阿里巴巴提出"客服县"模式，为在家待业的小镇青年提供"家门口的数字就业"。"客服县"由政府提供拎包入住的基础设施，阿里巴巴提供专业技能培训和就业实践岗位，共同打造县域顾客体验中心，为县域打

---

① 2020—2021阿里巴巴社会责任报告. https://www.sohu.com/a/485172392_407401.

造数字化人才队伍、为"乡村数字新基建"巩固人才基础。

2020 年 7 月"客服县"首次亮相江西寻乌，该模式至今已实现带动县域直接就业累计约 2000 人，其中返乡青年占比过半，大专及以上人才占比过半，部分表现突出者已实现月入过万。而在这背后，青年们所追求的不仅是一份工作和不错的收入，更是与新经济的接轨、个人价值的觉醒，以及生活和工作的平衡。截至 2021 年 3 月，阿里巴巴客户体验事业群已在江西、安徽、江苏、河南等 6 省 17 个县域开设了顾客体验中心。"客服县"还计划与直播、电商等产业合作，与院校加强合作，培养更多专业人才，更深入地推动地方人才培养和经济发展。

表 5-1 将阿里巴巴通过社会责任助力共同富裕的实践表现及启示加以归纳总结。

表 5-1　阿里巴巴社会责任助力共同富裕分析

分析维度	具体表现
社会责任行动	阿里巴巴为乡村地区解决物流和人才两大关键问题，实现数字赋能
共富特色	乡村共富
核心能力／资源	良好的生态网络协同、数字经济基础建设经验、全球领先的跨境电商平台
关键利益相关者	农户、农村青年劳动力
向心性	数字化农业建设与配套设施优化能助力企业布局农业领域；参与数字经济基础建设能够优化自身商业生态
适当性	阿里巴巴拥有完善的销售生态网络，以及在供应链管理与数字化方面的独特优势，有利于在销售与物流两方面帮助农户；阿里巴巴能够为数字服务业人才提供良好的专业培训与就业机会
前瞻性	利用数字化技术创新产业模式，优化人才布局
可见性	农户成本降低，销量增加；解决小镇青年就业难题
总体成效	阿里巴巴成功构建数字化仓配及分销网络，助力落实人才培养，切实推动乡村振兴

分析维度	具体表现
评价启示	阿里巴巴通过数字化助力乡村发展的企业社会责任行动，针对乡村振兴中的主力军——农户与青年劳动力，解决其面临的农产品商品化困难、返乡就业难两大问题。同时，通过数字化转型帮助地方发展配套产业，完善数字经济生态，并吸引外资进入，从而进一步促进乡村经济繁荣

四、阿里巴巴社会责任行动影响

阿里巴巴非常独特的一点，就是发挥桥梁作用，运用生态的力量，带动各行各业的合作伙伴共同走向未来。[1] 阿里巴巴集团参照联合国可持续发展目标（SDGs），积极践行"让天下没有难做的生意"的企业使命，以助力实现共同富裕为目标，务实地开展了大量卓有成效且独具特色的社会责任工作，也因此荣获了国内外众多社会责任与社会创新相关奖项，包括被美国《财富》杂志评为"2020改变世界的企业"，获评2019年度全国脱贫攻坚组织创新奖，2021年在全国脱贫攻坚总结表彰大会上被评为"全国脱贫攻坚先进集体"等。

正如阿里巴巴集团董事会原主席张勇所言："责任和担当的根源是热爱……相信勇于担当、帮助别人，会使我们变成更好的自己。"阿里巴巴正是因为坚定怀有"商业本身就是最大的公益"的理念，坚持从商业模式中获取承担社会责任的内生动力，才能够赢得越来越多利益相关者的信任和支持。企业凭借自身拥有的丰富资源与商业优势，主动承担社会责任以回馈社会，并不断创新践行承担社会责任的方式，最终走出一条"成人达己，共同富裕"的康庄大道。

---

[1] 2020—2021阿里巴巴社会责任报告. https://www.sohu.com/a/485172392_407401.

第二节　传化——全链条助医，做乡村健康"守门人"

　　企业要积极履行社会责任，力所能及地参与国家乡村振兴战略，在走向共同富裕的新征程中贡献力量。

——传化集团董事长徐冠巨

一、传化创业发展史

　　传化集团创立于 1986 年，经过 30 多年的奋斗，传化集团已经成长为布局传化化学、新安化工、传化物流、传化产城四大业务板块的千亿级现代产业集团，下属传化智联、新安股份两家上市公司，十余家国家高新技术企业，产品和服务覆盖全球 130 多个国家和地区，名列中国企业 500 强第 199 位，中国民营企业 500 强第 64 位。

　　传化拥有核心的科学技术，先进的物流信息技术能力；坚持可持续发展，不断创新，持续推进转型升级和高质量发展；坚持党的领导，依靠员工发展，深化和谐劳动关系建设，拥有高效有力的组织系统；积极履行社会责任，努力推动形成"共创、共赢、共享、共富"的局面。

　　传化以"责任"与"实业"为主线，坚持以客户为中心，以价值创造者为本，以持续奋斗为核心价值观，以"成就客户、幸福员工、引领产业"为使命，始终与时代同步、与国家同频，立足新发展阶段，把握百年机遇。传化深深扎根客户、员工、社会、政府的沃土，全面推进转型升级和高质量发展，携手生态伙伴，向时代的杰出企业迈进，在国家战略发展和走向共同富裕的新征程上做出新的贡献，努力"成为时代的杰出企业"。[①]

二、公司社会责任评析

传化引领产业创新，以产业发展推动经济发展。传化主动对接并融入国家战略，通过创新模式、技术和产品，推进产业数字化进程，走提升质量和效率的发展之路。此外，传化以解决国家物流效率问题为目标，构建了智能物流服务平台，助力中国制造效率提升；瞄准制造业科技与供应链的关键痛点，发力"科创＋"，构建科技赋能产业发展，服务区域经济转型升级。

传化促进社会和谐，积极参与公益慈善活动。传化在 2016 年成立了 30 亿元"传化慈善基金"，用于社会公益。2018 年起，传化深入贫困村县，建立了超过 1000 所卫生室，还设立了卫生院以改善医疗条件，为当地村民提供基本医疗保障。此外，传化还为卡车司机建立了多所驿站，直接服务 6.47 万名卡车司机，每年组织义诊、培训等活动 5000 多场次。针对贫困地区的老人和儿童，传化开展多场公益活动，助力"幼有所学、老有所养"。在疫情防控阻击战中，传化快速响应，捐赠大量现金和物资，全力生产除菌液，利用产业优势对接运力，保障特殊时期的物流运转，为防疫工作提供了巨大支持。[②]

传化践行绿色环保，坚持可持续创新。以绿色产品与绿色制造为可持续发展"破题"，以科技创新为主导，传化走出了智能化、绿色化发展道

---

①　传化官网. https://www.etransfar.com.

②　传化官网. 传化集团荣获"为全面建成小康社会作贡献"先进集体. https://www.etransfar.com/index.php/news/info/1461.html；传化官网. 传化集团上榜"2021中国民营企业社会责任100强榜单". https://www.etransfar.com/index.php/news/info/1462.html.

路，不断强化科技创新和智能制造，促进行业的可持续发展。

三、传化用创新思维做乡村健康"守门人"

传化集团具有较高的战略企划能力，拥有高效有力的组织系统，将创新思维应用于脱贫攻坚，以健康扶贫创新模式参与乡村振兴。

聚焦"两不愁三保障"中的基本医疗保障方面，传化集团深入贫困村，就医疗相关问题开展调研。调研发现，农村贫困人口就医难这一痛点十分突出。对一些边远山区的农村来说，村民们面临着乡村医疗条件简陋、医生数量不足、青年医生占比较低、医生工资较低等问题。基于此，传化聚焦农村贫困地区医生，开展了多项"助医、扶医"行动。

2018年，传化集团开始正式实施医疗扶贫项目，在多地设立了超过1000所"传化·安心卫生室"，为所在地的180万村民提供医疗服务。2021年，传化为卫生室所在地区的村医开展了多场技能培训，并为卫生室捐赠了多批医疗设备，还开展了最美乡村医生评比等活动，探索以"建室、助医、扶医"全链条助力乡村健康的模式，巩固脱贫成果。

医疗条件改善后，为了持续保障村民健康，医生也需要不断地提升自身业务水平，基于此，传化与北京、浙江两所中医药大学合作，建立了"安心医家"网络平台，为乡村医生赋能。同时，一些村医在出诊时可能会发生跌倒、被野狗咬伤等情况，为了帮助村医更安心工作，传化为卫生室超过1400名医生购买了人身意外险，在减轻村医经济负担的同时提升了对其的健康保障水平。除此之外，传化还为卫生室添置了多批医疗设备，进一步改善医疗条件；开展"最美村医"评比，增强村医的职业荣誉感。调查数据显示，在传化的帮扶支持下，当地村民对卫生室的满意度大幅提升，从原有的6.13%上升至 81.20%；同时医生队伍也不断壮大，很多年轻的医护人员愿意回到家乡工作，助力乡村发展。

2020 年初新冠疫情暴发，多地医疗物资储备不足，防疫工作开展困难。传化当即投入近 500 万元，为对接的 240 个疫区村庄添置防疫物资，维护当地防疫秩序。在抗击新冠疫情的战斗中，"传化·安心卫生室"的村医们排查外来人口 183477 人次，测量村民体温 447715 人次，有效筑起农村防疫"第一道防线"。

在乡村振兴新时期，传化通过调研意识到了守护村民健康、防止因病返贫、进一步解决乡村医生难题的重要性。传化集团努力探索出了"建室、助医、扶医"的全链条助力乡村健康的新模式，让守护村民健康更系统，更可持续。

表 5-2 将传化通过社会责任助力共同富裕的实践表现及启示加以归纳总结。

表 5-2 传化社会责任助力共同富裕分析

分析维度	具体表现
社会责任行动	传化"建、助、扶"，解决乡村医生难题，建立乡村医疗新模式
共富特色	乡村共富
核心能力 / 资源	战略企划能力、创新思维、资金能力、政治和社会资源
关键利益相关者	乡村医生、村民
向心性	为乡村医疗保障贡献传化力量，推动了企业高质量发展，获得了良好的企业声誉
适当性	传化具有较强的战略企划能力和高效有力的组织系统，为精准对接乡村医生需求、创新健康扶贫新模式提供了良好的条件
前瞻性	探索了"建室、助医、扶医"全链条助力乡村健康的新模式
可见性	乡村卫生室、乡村医生数量快速增长，村民就医更有保障
总体成效	传化与时代和国家同频共振，助力精准脱贫，实现"携手共富"

续表

分析维度	具体表现
评价启示	在乡村振兴新时期，传化通过调研意识到了守护村民健康、防止因病返贫、进一步解决乡村医生难题的重要性。传化集团努力探索出了"建室、助医、扶医"的全链条助力乡村健康的新模式，让守护村民健康更系统，更可持续

四、传化社会责任行动影响

传化一直秉持"共富"理念，在做好自身发展的同时，更将企业发展与国家、民族和人民的发展紧密相连，践行企业社会责任。在国家大力倡导区域协调发展战略、乡村振兴战略的背景下，传化借助自身资源，与贫困农村地区建立帮扶关系，助力发展当地绿色农业和农业产业化，为村民带来更多收入，提升村民的生活水平，扩大集体经济规模，推动集体经济发展，为区域协调发展和乡村振兴贡献"传化"力量。

同时，传化积极发挥行业领先作用，以自己的发展带动行业的发展。传化探索的"平台、生态"模式能有效聚集资源，与行业上下游构建紧密合作关系，共同创造更多价值，共同分享经营成果，成功打造了行业共赢生态。

此外，传化积极投身社会慈善，响应省委、省政府的号召，参与山海协作、消灭经济薄弱村等行动，关爱社区弱势群体等，用自身行动回馈社会，推动社会经济可持续发展，创造更多价值。

传化积极履行社会责任得到了社会各方高度评价，国家和浙江省政府多次对传化提出表彰。传化先后获得了"全国脱贫攻坚先进集体""全国脱贫攻坚奖创新奖""中华慈善奖""万企帮万村先进民营企业"等荣誉和称号。通过积极履行社会责任，传化获得了良好的企业声誉，树立起负责任的企业形象，扩大了企业的自身影响力。

第三节　海亮——智力扶贫，助力教育公平

海亮努力把对社会贡献的最大化作为永恒的追求。这也促使了海亮进入教育领域，并持续发力。

——海亮集团原董事长曹建国

一、海亮创业发展史

海亮集团诞生于 1989 年，是一家以教育事业、有色材料智造、健康产业（生态农业、医疗、养老、生物科技）为主体的大型综合性国际化企业。集团现有员工 2 万余名，总资产超 570 亿元，产业布局 12 个国家和地区，营销网络辐射全球。2020 年，集团营业收入 1964.2 亿元，综合实力位列世界企业 500 强第 428 位、中国企业 500 强第 117 位、中国民营企业 500 强第 29 位。集团先后获得"全国文明单位""全国模范劳动关系和谐企业""全国企业文化示范基地""中国优秀诚信企业""全国脱贫攻坚先进集体"等荣誉。

海亮教育集团布局全国，有 20 余年基础教育办学经验和优秀师资，已形成四大教育体系，是中国民办基础教育的标杆。海亮股份依托强大的装备工艺研发和技术创新能力成为全球铜管棒加工行业的领袖级企业。

近年来，海亮集团秉持"既讲企业效益，更求社会功德"的发展理念和"以人为本，诚信共赢"的核心价值观，致力于为人民美好生活提供"海亮方案"，力争至 2025 年，在教育领域成为办学与科研实力超强、品牌超一流的民办教育集团，在有色材料智造领域成为全球铜加工国际巨匠，在健

康领域成为国内具有较大影响力和较强竞争力的健康产业集团。[①]

二、公司社会责任评析

海亮集团秉持"务实、高效、创新、奉献"的企业精神，将"聚才兴业，德惠万家"作为发展使命，一直以实际行动履行企业社会责任，为建设和谐社会、促进社会发展做出了积极探索和应有贡献。

创新发展方面，海亮总结并建立起了领先的风险管理和精细化管理模式：以净库存风险管理有效规避风险，以"利润中心＋成本中心"的有效考核为核心的高效组织运营模式不断优化生产流程、减少生产成本。

公益慈善方面，海亮坚持以品牌化项目开展公益慈善事业，以海亮慈善基金会为主要平台串联其在各领域的优势资源，主要分为教育慈善与帮扶慈善（扶贫帮困、大病救助、赡养孤寡等）两大方向，推出了"雏鹰高飞孤儿培养工程""'一带一路'国际英才培养工程"等诸多慈善项目，2020年捐赠共计9180.95万元。

员工关怀方面，海亮始终坚持以人为本，重视团队建设、正视人才价值、珍视员工奉献。启动"星青年"人才战略，从全国引进优秀人才；举行人才大会，制定人才团队建设三部曲；健全劳动安全卫生制度，改善劳动环境，全力保障员工健康和安全；成立员工互助基金会，员工自愿认捐，企业兜底注资，切实帮助员工解决困难；举办美好生活节，以特色主题活动丰富员工文化生活。

环境保护方面，海亮大力支持绿色经济、低碳经济、循环经济发展，在铜加工领域推进设备改造、技术革新以落实节能减排；农业领域通过粪

[①] 海亮官网. http://www.hailiang.com.

污分离、建立有机肥厂等方式打造生态循环系统；通过信息化平台提升办公效率，以制度建设和管理手段为保障，让低碳环保成为员工日常工作的准则和习惯。[①]

三、海亮扶贫先扶智，助力教育公平

海亮教育集团历经 20 余载的发展，已形成科技教育、人文教育、艺术教育、国际教育四大体系，建立起一支具有丰富教学经验的教师团队。布局全国，面向世界，以学生为中心，聚焦核心素养，持续推进教育体制、机制、结构与教育教学的改革，海亮教育已成长为国内规模最大的民办教育集团，是国内民办教育的办学样板和领头雁。

在国家大力推动共同富裕背景之下，海亮深刻地体会到"治贫先治愚，扶贫先扶智""少年智则国智，少年强则国强"，关注广大贫困学子的英才教育是一个解决扶贫痛点、推动共同富裕的有效途径。海亮集团成立乡村振兴与共同富裕专项工作小组，发挥教育产业优势，积极探索教育扶贫和公益教育的新途径，致力于打造教育事业发展共同体，通过推动教育公平、增加贫困学子受教育机会助力共同富裕。

"贫困少年英才培养工程"是海亮于 2018 年 5 月启动的慈善公益长期项目，以培养热爱祖国、有社会责任感的创新型杰出人才为目标，每年在全国范围内资助品学兼优的贫困少年进入浙江海亮教育园就读，帮助贫困英才享受高质量的教育，踏上更好的成长之路。2018 年招募贫困少年英才52 名，2019 年招募 23 名，最高可由海亮无偿援助到博士毕业。

"雏鹰高飞孤儿培养工程"每年在全国招募一定数量的孤儿进入海亮教

---

① 海亮集团30周年社会责任报告. http://www.hailiang.com/index.php/about/down.

育管理集团旗下学校就读，对他们进行持续、系统的援助，提供"衣、食、住、行、医、保、教"全方位培养，坚持无任何附带条件，最高援助至硕士研究生毕业。在此过程中，海亮斥资3000万元建设海亮幸福院，打造孩子们共同生活的学习家园。该项目已在全国范围累计接收220名孤儿，分别来自安徽、贵州、湖北、黑龙江、甘肃、四川、云南、江西、青海、广东、福建、山西、河南等16个省份，已有59名孤儿考上大学，其中7人已大学毕业参加工作，现有144名在海亮教育管理集团下属学校就读中小学。该项目荣获2019年第六届"浙江慈善奖"慈善项目奖。2017年起，海亮陆续在包括北京大学、浙江大学、北京师范大学等全国近十所高校设立奖学金和人才培养基金，累计达8000余万元，以资助品学兼优、家庭贫困的大学生完成学业。

同时，海亮密切关注教育资源区域不协调的现实问题，以切实行动推动教育资源优化配置，实现教育扶贫。"中西部教育扶贫项目"由上海国际信托有限公司、海亮教育管理集团和浙江海亮慈善基金会共同合作开展。依托海亮教育的优质教育资源等辐射作用，组织中西部较为贫困地区学校的教学管理干部前往海亮教育园等地研修学习，举办讲座和报告会经验分享、学校观摩考核、跟岗实践等多种形式的培训，为中西部地区培养素质全面、业务见长的基础教育骨干，带动中西部教育管理水平和实践能力素质的提升。2020年10月，海亮教育集团启动"振兴欠发达县域教育行动"，依托其在教育领域积累的丰富资源、完备体系及先进智能校园系统，形成"一校带百校"的强劲动能，从而带动县域教育水平整体提升，缓解我国县域教育发展不平衡、不充分问题。

行动开展至今，海亮集团已与陕西省定边县签署合作协议，并与云南、重庆、贵州等地的多个县域达成了合作意向。2020年，在西藏那曲市色尼区委、区政府支持下，浙江省第一个由民办教育创办的援藏班在海亮教育管理集团旗下天马实验学校正式落地，首批进驻来自西藏那曲市的30名学生，此后将每年招收西藏学生40名。援藏班延续并创新了海亮公益助学之路，开启了浙江民办教育对口援藏工作的新篇章，有望持续将浙江优质的教育资源引流到教育欠发达地区。①

表5-3将海亮通过社会责任助力共同富裕的实践表现及启示加以归纳总结。

表 5-3　海亮社会责任助力共同富裕分析

分析维度	具体表现
社会责任行动	海亮发挥教育资源优势，缓解乡村县域地区教育资源不平衡
共富特色	乡村共富
核心能力／资源	教育领域的丰富经验、良好声誉；优秀师资团队和教学资源
关键利益相关者	缺乏良好教育资源的贫困少年
向心性	海亮教育扶贫有利于开拓市场，增强品牌影响力，形成良好社会形象，推动企业可持续发展
适当性	海亮在民办教育领域具备雄厚实力与独特优势，布局全国，影响力大，具备开展教育扶贫的良好条件
前瞻性	海亮是民办教育领域利用自身优势推动教育扶贫的先行者，带动其余企业关注教育资源区域分配、教育公平等问题
可见性	贫困少年有机会获得更高质量的教育，从而推动该家庭收入增加、该地区经济发展
总体成效	提高贫困少年所获教育质量和水平，培养出一批优秀的大学生，助推社会经济发展和共同富裕
评价启示	该行动对社会而言推动了教育资源优化配置，增加了贫困少年接受更高质量教育的机会，有利于社会和谐和经济发展；对企业而言践行了办教育的初心，有利于形成良好形象，积累声誉和影响力，启示同行业各企业依托自身优势资源，积极履行社会责任

———————

① 海亮集团2020年企业社会责任报告. http://www.hailiang.com/index.php/about/down.

四、海亮社会责任行动影响

海亮因创造财富而成长，因承担责任而更具发展价值。海亮教育针对社会对教育公平、共同富裕提出的需求，在优化教育资源、提升贫困地区办学条件等方面做出积极贡献，推动教育振兴全面开花，培养出一批又一批优质青年。社会各界和广大民众对海亮积极履行社会责任的行为表示肯定，海亮的品牌影响力不断扩大。海亮股份依托产业链平台积极向上下游产业延伸，打造铜加工产业生态体系，增强与客户之间的相互依存和依赖度，获得美的、海信等知名企业颁发的"优秀供应商""优秀合作伙伴"等称号，如今成为高端智能、富有全球竞争力的实体制造企业。

海亮长期坚持"诚信共赢"的文化理念、"拒绝投机"的经营理念、"以人为本"的管理理念、"功德为先"的价值理念，以实际行动充分彰显企业的社会责任担当和为国分忧情怀，获得社会各界和广大民众的一致好评。海亮集团名列"2021 中国民营企业社会责任 100 强榜单"第 8 位，荣获"全国脱贫攻坚先进集体""2020 浙江省企业社会责任标杆企业""2021 年度中国影响力十大企业"等荣誉称号。

第四节　横店——与百姓共同说好乡村共富故事

企业，一定要承担社会责任，特别是带动农村共同富裕。要富大家富，要好大家好，这才是一个企业家成功的标志。

——横店集团董事长徐永安

一、横店创业发展史

横店集团创建于 1975 年，经过 40 多年发展，形成了"多元化发展，专业化经营"的发展战略，业务涉及电子电气、医药健康、影视文旅、现代服务等行业。现已成为拥有横店东磁、普洛药业、英洛华、得邦照明、横店影视、南华期货六大上市公司，60 多家下属子公司，200 多家生产与服务型企业，1000 多家半紧密型和松散型企业，5 万多名员工的中国特大型民营企业。以"世界磁都""中国好莱坞""江南药谷"享誉海内外。[①]

2019 年，横店实现营收 850.7 亿元，实现贸易出口额 102.4 亿元，带动横店上缴税收占东阳市税收总额的一半左右。2021 年，实现营收 876.3 亿元，同比增长 12.5%；实现贸易出口额 148.3 亿元，同比增长 22.5%。值得一提的是，横店东磁纳税连续 25 年位列金华市工业企业第一。[②]

横店集团深入践行"仁爱、中庸、团队、执行"的核心文化，扎根横店，拥抱世界，力争做最具社会责任心的企业。追求共同富裕是横店集团与生俱来的文化基因，在 40 多年的实践探索中，横店人以使命与价值观为驱动，以产业带动与集聚为支撑，以带动区域百姓共同富裕为己任，主动担当社会责任，大力兴办社会公共事业，积极助推横店新型城镇化发展，努力创造更多的社会价值，让员工充分共享发展成果，让区域百姓更加幸福美满。横店集团将企业发展与城镇发展、百姓共同致富紧密结合，走出了一条共创共富之路。[③]

---

① 横店官网. https://www.hengdian.com/zh-cn/.
② 澎湃新闻. 2021年横店集团实现营业收入876.3亿元. https://www.thepaper.cn/newsDetail_forward_16 361119.
③ 横店社会责任报告（2018—2020）. https://www.hengdian.com/uploads/documents/%E6%A8%AA%E5%BA%97%E9%9B%86%E5%9B%A22018-2020%E7%A4%BE%E4%BC%9A%E8%B4%A3%E4%BB%BB%E6%8A%A5%E5%91%8A.pdf.

二、公司社会责任评析

横店集团成立的40多年里，虽然经历了三次创业和变革，但共创共富的创业初心始终未变。横店为自己赢得更多收益的同时，也通过价值创造增加了税收收入，拉动了就业发展，更带动了产业发展和城镇化发展，打造并传播了地方品牌。

在带动产业发展方面，横店集团自20世纪80年代起投身磁性材料产业，经历从无到有、从有到优，一步步发展壮大磁性材料产业。磁性材料产业不仅占据横店收益的绝对地位，并且以小圆带动大圆，辐射至整个东阳地区，在整个东阳地区的产业收入中名列前茅。数据显示，2018年，东阳共入驻了接近150家从事磁性材料业务的公司，为2.3万人创造了工作岗位。除磁性材料产业之外，20世纪90年代，横店再辟新路，开始涉足影视领域，也是后来集团最有名的产业之一。经过几十年的耕耘，横店已经在该领域做到全国龙头位置，并且在国际上享有盛誉，直接带动了横店劳动力就业总数超半数的人次就业。

在带动城镇化发展方面，横店累计投入超过100亿元，从城镇建设的多个角度出发，持续发力。"要致富，先修路。"在城镇交通上，横店资助铺路、架桥、挖隧道，在当地建设了客运中心和通用机场，值得一提的是，该机场作为镇级通用机场，创下了全国首例。同时，横店还兴建水利和绿化工程，建设了自来水厂以及污水处理厂，为横店及周边超过20万人提供便利。此外，横店也关心民生发展，助力居民教育和医疗，在当地创办了多所幼儿园、高中、职业学院等学校，还出资建设了多家文荣医院等。经过多年的建设与经营，横店在推动农村城市化、工业化等方面均取得了耀眼的成就，让这个曾经贫困落后的"小地方"，成为如今车水马龙的"繁华城镇"。

三、横店以文化为本，带动百姓共同富裕

横店集团创始人徐文荣认为，农民不可能都涌到城里去，中国城市根本无法接纳这么庞大的农村人口，通过农村工业化实现农民的就地转化才是解决中国"三农"问题的关键。因此，立足横店，发展横店，让横店农民不离开家乡就能过上和城市人一样的生活始终是横店集团的不二选择。正是基于这样的理念，徐文荣率领横店农民开始了农村工业化道路的自主探索。

从20世纪70年代中期开始，以横店集团创始人徐文荣为首的农民企业家以"拼命三郎"的创业精神，办起了一个又一个工厂。[1]

横店首先将目光放在劳动密集型工厂上。从1975年开始，横店先后创办了丝厂和轻纺针织厂，并不断复制扩散，逐步形成了轻纺针织企业群，最终打造出一条轻纺针织产业链。这些工厂有效带动了当地社会经济发展，改变了当地相对贫困的经济状况，提供了大量的就业岗位，让大批农民不需只守"一亩三分地"，为横店百姓创造了致富门路。

除了劳动密集型产业，横店也积极发展高科技产业。20世纪80年代，从探索发展高技术产业到明确提出"非高科技不上"的发展方针，一步步培育起了磁性材料、医药等多个具有核心竞争力的高科技产业，带动横店镇70%以上农民转变为工人。在发展磁性材料的过程中，横店通过"以大带小、结对帮扶"的模式，逐步形成了产业集群，东阳地区也因此被誉为"世界磁都"。工业经济的稳健发展奠定了横店探索共同富裕的坚实基础。

---

[1] 东阳发布. 新华网关注！横店政企合力引领迈向共同富裕. https://m.thepaper.cn/baijiahao_12565042.

20世纪90年代，因电影《鸦片战争》拍摄需要，横店开始建造广州街场景。而这次建设也让横店看到了将影视与文旅产业相结合的新发展机遇，于是横店陆续建起30多座跨越5000年历史、特色鲜明、可供剧组实地拍摄的场景基地，并不断完善，打造影视产业闭环。截至2020年底，横店吸引了接近1500家企业入驻，累计为超过3000个来自国内外的各类剧组提供服务；2018年、2019年接待游客数量连续突破1900万人次，2020年影视和文旅收入超480亿元，直接带动超12万人次就业，实现人人可在家门口就业。横店影视文旅产业成了实实在在的富民产业。[1]

此外，横店深入贯彻落实国家"文化走出去"战略，成立"影视文化国际交流合作中心"，搭建全方位、多层次、宽领域的海外合作渠道；创建国家文化出口基地，扶持和引导一批具有特色优势的影视文化产品和文化服务出口，推动高层次国际文化交流合作。例如，《山海情》《理想照耀中国》等主旋律影视作品被海外观众剪辑成短视频，搬上海外社交平台，一个个"中国故事"传播得越来越广。[2]

横店也积极关注民生问题，在地方政府缺资金的情况下，主动承担起城镇建设的任务。从造桥修路到兴修水利，从兴学办医到发展公共服务，从跑高铁到建机场，经过几十年的努力，横店终于成功蜕变为繁华的、现代化的城镇。随着横店的产业与城镇辐射带动作用不断扩大，1992—2006年，横店先后经历了四次并村扩镇，从原来的39个村扩大到108个村（小区）。

2006年1月，时任浙江省委书记习近平在新华社通讯《建设新农村，

---

[1] 横店社会责任报告（2018—2020）. https://www.hengdian.com/uploads/documents/%E6%A8%AA%E5%BA%97%E9%9B%86%E5%9B%A22018-2020%E7%A4%BE%E4%BC%9A%E8%B4%A3%E4%BB%BB%E6%8A%A5%E5%91%8A.pdf.

[2] 金华市人民政府.既要物质富裕 也要精神富裕 以文化带动共同富裕的横店实践.http://www.jinhua.gov.cn/art/2021/9/2/art_1229603306_60225694.html.

重在发展小城镇——浙江横店"一村并百村"调查》一文中批示："横店建设新农村，发展小城镇之路，可以借鉴学习。"①

表 5-4 将横店通过社会责任助力共同富裕的实践表现及启示加以归纳总结。

表 5-4 横店社会责任助力共同富裕分析

分析维度	具体表现
社会责任行动	横店通过对农民就地转化实现农村城镇化
共富特色	乡村共富
核心能力 / 资源	雄厚的规模、悠久的历史、乡镇的地理优势
关键利益相关者	乡镇以及周边城市居民、政府、业务所涵盖的各类企业
向心性	强化产业带动与集聚，能积极助推横店新型城镇化发展，让员工充分共享发展成果
适当性	横店的地理位置使其天然具有推动城镇化的优势；横店影视实景拍摄基地，十分适合发展旅游业以及相关第三产业
前瞻性	开创了企业扎根乡镇、推动乡镇城镇化的新型城镇化模式
可见性	横店从昔日的穷乡僻壤，蜕变为繁华的、现代化的城镇，极大地提高了居民们的幸福指数
总体成效	横店在自身发展的同时，带动产业发展和城镇化发展，打造了一个活力四射、可持续发展的区域生态
评价启示	横店集团的特色社会责任行动可以说是淋漓尽致地彰显了共同富裕特色。从发展高科技产业和第三产业带动当地百姓就业、企业发展，到与政府合作建设各种基础设施以及能够提升居民幸福指数的娱乐以及其他相关设施，推动"农村工业化、农村城市化、农民市民化"的新型农村城镇化，横店集团为同行企业做了好榜样，期待未来能有更多的相关企业借鉴这些"横店经验"，使更多乡镇走上新型农村城镇化的道路

---

① 横店社会责任报告（2018—2020）. https://www.hengdian.com/uploads/documents/%E6%A8%AA%E5%BA%97%E9%9B%86%E5%9B%A22018−2020%E7%A4%BE%E4%BC%9A%E8%B4%A3%E4%BB%BB%E6%8A%A5%E5%91%8A.pdf.

四、横店社会责任行动影响

横店集团虽是一家民营企业，但却是一家使命驱动的企业。创始人徐文荣从创业之初就以解决中国特色的"三农"问题为使命，将企业发展和区域发展紧紧融合在一起，并一直延续至今，它是推动我国城镇化发展当之无愧的先行者和榜样。横店集团"企业办社会"的实践，为中国城镇化提供了一套全新的方案——通过对农民的就地转化实现农村城镇化，并通过产业发展和制度创新带动农民共同富裕。

以扎根乡村为企业使命的横店集团，是中国极少数企业社会化的先锋和引领者，它搭建了一个开放创新的平台，从产业到就业再到百姓创业，带动了上下游产业的各个链条，并联动横店、东阳乃至浙江省实现区域共生共融共发展，打造了一个活力四射、可持续发展的区域生态。

第五节　万事利——用丝绸连接共富生活

财富不是企业的、个人的，而是社会的。财富源于社会，创造财富、回报社会是每一个有社会责任感企业义不容辞的责任。

——万事利集团创始人沈爱琴

一、万事利创业发展史

万事利集团有限公司创办于 1975 年，经过 40 多年发展，现已成为一家以丝绸文化创意为主导产业，辅以生物科技、资产经营、投资管理等多产业的现代新时尚产业集团，下辖"中国丝绸文创第一股"——杭州万事利丝绸文化股份有限公司，以及 30 多家全资、参股公司，拥有全国丝绸行业首家国家企业技术中心、国家级博士后科研工作站等高水平科研机构以及多家省级高新技术企业，系中国民营 500 强，杭州市鲲鹏三星企业。

作为万事利集团旗下主业板块，万事利丝绸始终秉承"让世界爱上中国丝绸"的企业使命，着力挖掘、传承中国丝绸文化，跳出丝绸做丝绸，实现了丝绸从"面料"到"材料"再到"载体"的华丽转身，走出了一条"传统丝绸 + 移动互联 + 文化创意 + 高科技 = 丝绸经典产业"的转型升级"新丝路"，成功服务了包括 2008 年北京奥运会、上海世博会、广州亚运会、北京 APEC 峰会、G20 杭州峰会、"一带一路"国际合作高峰论坛、厦门金砖国家领导人会晤等一系列重量级主场外交活动，并成为 2022 年北京冬奥会官方特许生产零售商和 2022 年杭州亚运会第一批官方供应商、特许生产企业和特许零售企业，用极致的文化创意与匠心工艺彰显了中国风范，让中国丝绸站上了世界舞台中央。①

二、公司社会责任评析

万事利始终在担当与创新中践行企业社会责任，通过产业发展、结对帮扶促进乡村振兴，同时积极参与社会公益事业，在实践中彰显品牌担当，促进社会和谐，践行"绿水青山就是金山银山"。

在乡村振兴方面，万事利积极参与由国家、地方政府等单位牵头负责的多项贫困地区结对帮扶行动。凭借自己在桑蚕丝绸品牌、设计、技术等领域的资源和能力，通过分享蚕桑培育经验、创新研制新品种、开展党支部合作等方式，万事利打造了独特的价值贡献模式。在浙江省内，万事利

---

① 万事利官网. http://www.wensli.com.

帮扶结对的地区包括衢州开化的溪东村、桐庐的合村乡等 10 余个乡村，当地农民在万事利的带领下迎来了收入的增长和生活水平的提高。走出浙江，万事利也积极行动，助力乡村振兴，为中西部的发展贡献力量。[①]

在可持续发展方面，万事利积极响应、落实"绿水青山就是金山银山"以及建设资源节约型、环境友好型社会的号召，研制新品种原料茧，从制度、生产工艺等方面保证安全环保，利用技术创新推动可持续发展。[②]

在文化引领方面，万事利针对各类国内外盛会（如 2008 年北京奥运会、G20 杭州峰会等），设计制作了丝绸特色文创，通过丝绸的技艺和韵味弘扬中华文化。公司研发了 AI 个性化专属艺术设计定制平台"西湖一号"等新技术，通过技术变革创新引领丝绸产业的发展，助力中国传统文化的现代化传承。

在新冠疫情暴发后，万事利快速响应，接受地方政府调拨，将丝绸产业链的可利用物资用于生产口罩，为杭州乃至浙江的复工复产和疫情防控做出了积极的贡献。与此同时，万事利丝绸还踊跃捐款捐物，专项用于疫情防控工作，获得地方政府的积极评价。

三、万事利深耕产业全链条，助力乡村振兴

万事利深耕丝绸业，在品牌、设计、技术等多方面具备显著优势，且对市场变化与走向具有敏锐的洞察力。在"绿色""健康"逐渐成为市场潮

---

① 郑亚丽. 万事利董事长屠红燕：坚持产业带动 助力城乡协调发展. https://baijiahao.baidu.com/s?id=1701330742478239414&wfr=spider&for=pc.
② 腾讯网. 绿色消费理念走俏万事利丝绸企业确保节能降耗、可持续发展. https://new.qq.com/omn/20210413/20210413A06IXH00.html；陈琳. 万事利董事长李建华：践行可持续发展 走出万事利一条新路. https://www.p5w.net/kuaixun/202112/t20211203_5514184.htm.

流和追求的当下，万事利抓住契机，发展共赢。对于"绿色"，万事利主要将目光聚焦在培育的起始阶段，通过实验与创新，培育出了具备天然、绿色特点的彩色茧等特种原料茧，并建立高品质茧丝原料基地进行推广。①

溪东村是衢州开化县西部的一个小山村，其桑蚕养殖业十分有名。20世纪70年代，溪东村的农民曾经家家种桑，户户养蚕，以种桑养蚕为生。但因为行业不济，养蚕收入减少，大批年轻人放弃养蚕外出打工，不少曾经"桑树生叶青复青"的桑园逐渐荒芜。近年来，在开化县相关部门的牵线搭桥下，万事利与溪东村合作，开展定向帮扶，由万事利在当地集中建设大规模标准化的特种蚕产业示范区，提高销量，增加农民收入，让这个曾经以蚕闻名的浙西蚕桑专业村重现活力。

2020年5月，万事利与开化县政府正式订立书面协议，达成合作。具体合作方式为公司在当地建设大规模标准化生产基地，由农民进行培育养殖，由万事利负责收购，品种主要为具备绿色特征的彩色茧等新品种。溪东村的桑园面积已恢复到500多亩②，占了全村735亩农田的七成左右。2020年溪东村桑蚕养殖量超过2万千克，溪东村也获评为市级"一村一品"蚕桑专业村。这个曾经以蚕闻名的村庄再次回归，蚕桑重新占据了绝对主导地位，全村超过九成的农户主要从事种桑养蚕工作。

浙江以外，万事利也基于广西的生态特点，因地制宜开展生态扶贫。万事利在广西建立了多个蚕桑产业基地，值得一提的是，广西云表镇基地的成绩十分耀眼。云表镇共种植了接近6万亩的桑园，有超过1.5万农户

---

① 万事利丝绸世家. 大动作！万事利丝绸在国家生态县再建高品质茧丝原料基地！https://www.sohu.com/a/397888541_365283.

② 王燕平. 共同富裕·浙商在行动 | 满园尽是"黄金茧"，万事利让浙西蚕桑村重现活力. https://xw.qq.com/amphtml/20211021A07DEQ00.

从事养蚕工作，年养殖的 20 余万张蚕可产 1.5 万余吨鲜茧，带来收入增加超过 5 亿元。

"绿色"之外，万事利也紧追"健康"，打造了"健康丝绸"的品牌。发挥技术优势，万事利不断创新，成功研制了具有养生、保健等功能的多种丝绸产品。比如溪东村生产的黄金茧制作成的黄金被，就成了市面上的抢手货，为万事利创造了高收益。

表 5-5 将万事利通过社会责任助力共同富裕的实践表现及启示加以归纳总结。

表 5-5　万事利社会责任助力共同富裕分析

分析维度	具体表现
社会责任行动	万事利助力"一村一品"溪东村，打造"黄金茧"
共富特色	乡村共富
核心能力／资源	高附加值特种蚕种；丝绸创新科研、高端产品系列开发能力；特种蚕养殖技术，标准化、规模化桑蚕基地建设能力
关键利益相关者	受助地村民，政府
向心性	乡村振兴建设的养殖基地为万事利提供优质原料，研发高端产品
适当性	丝绸是万事利的主业，具有品牌、设计、技术等各方面的领先优势
前瞻性	变原本普通的桑园为标准化特种蚕养殖基地范本，打造特色桑蚕专业村
可见性	改善当地生产环境，创造就业，直接提高了当地村民收入
总体成效	万事利获得优质原料保障，产品价值提高，桑蚕生态效益农业得到极大发展
评价启示	企业带动乡村振兴、共同富裕，需要将企业自身的优势和当地优势条件结合，形成优势互补，以此为出发点，选择乡村振兴的特色产品，制定乡村振兴的产业布局

四、万事利社会责任行动影响

作为一家在丝绸业内领先的企业，万事利具有高度的社会责任感和历史使命感，为建设民营经济贡献智慧和力量。通过努力，万事利与开化县政府合作的规模化、集约化特种蚕生产基地得到了社会各界的广泛支持，为万事利创造了价值。开化县生产的黄金茧制作成的黄金被也在市场上热销，也为万事利增加了高品质的产品。

凭借在履行社会责任方面的突出表现，万事利获评"2020 年度全国茧丝绸行业创新企业"和"全国茧丝绸行业抗击新冠肺炎疫情先进单位"荣誉称号[1]，获得 2021 杭商领袖峰会"脱贫攻坚卓越贡献奖"，并被纳入"2021 年度中国企业社会责任案例"。万事利希望充分利用企业的核心资源与能力，通过产业发展与定向帮扶，继续助力乡村振兴与共同富裕。

第六节　吉利——用"吉时雨"润泽更多人

一个没有社会责任心的企业，最终总会被市场无情抛弃，这样的企业是不可能实现永续经营的。

——吉利集团创始人李书福

一、吉利创业发展史

浙江吉利控股集团始建于 1986 年，1997 年进入汽车行业，一直专注实业，专注技术创新和人才培养，不断打基础练内功，坚定不移地推动企业转型升级和可持续发展。现资产总值超过 4800 亿元，员工总数超过 12 万人，连续十年进入《财富》世界 500 强，是全球汽车品牌组合价值排名前

---

[1] 万事利丝绸世家. 万事利丝绸荣获全国茧丝绸行业抗疫、创新企业等荣誉称号. https://www.sohu.com/a/435044078_365283.

十中唯一的中国汽车集团。

吉利控股集团致力于成为具有全球竞争力和影响力的智能电动出行和能源服务科技公司，业务涵盖乘用车、商用车、出行服务、数字科技、金融服务、教育等。集团总部设在杭州，旗下拥有吉利等品牌，在新能源科技、共享出行、车联网、智能驾驶、车载芯片、低轨卫星、激光通信等前沿技术领域不断提升能力，积极布局未来智慧立体出行生态。

吉利控股集团秉承着"战略协同、推动变革、共创价值"的使命，"团队、学习、创新、拼搏、实事求是、精益求精"的企业精神和"充分授权、依法合规、考核清晰、公平透明"的经营管理方针，以"让世界充满吉利"为愿景，长期坚持可持续发展战略，带动了大量产业链上下游企业共同发展，为实现中国汽车强国梦、创造超越期待的出行体验而不懈努力。

多年来，吉利运用其规模庞大、种类繁多的产业集群把企业使命愿景与价值观落地，在诸多行业都进行了布局，成绩斐然，使其在推动共同富裕的路径上具有多面手的特征。①

二、公司社会责任评析

吉利在做好自身的同时，在产业创新、新型公益、绿色践行等方面，积极承担社会责任，推动多方发展。

首先，吉利引领产业创新，带动产业升级。吉利始终将创新摆在至关重要的位置，坚持以创新促发展。通过发动机等核心技术、车联网等智行科技的研发，吉利在以客户为中心、为客户提供极致出行体验的同时，也促进了整个产业的创新进步。2021年6月，吉利与宁波市政府达成合作，

---

① 吉利官网. https://www.geely.com.

围绕智能汽车、新能源汽车等重点领域加强科技创新，并将创新成果及时转化落地，由点及面，进行多方面的战略协同，构建亲清政企关系，助力汽车产业生态体系高质量发展，推动汽车产业转型升级。[①]

其次，吉利投身新型公益，促进社会和谐。在教育方面，吉利出资创办了十所公益性质的院校，培养具有专业技能的应用型人才，现已有15万余人从院校毕业，正运用所学在工作岗位上发光发热。在扶贫方面，吉利推出了"吉时雨"项目，创新地提出以产业链融合的方式对接帮扶贫困地区，从"输血"到"造血"，推动社会公益创新，助力经济可持续发展。更值得一提的是，吉利于2021年正式实施了共同富裕计划，旨在通过完善员工收入分配方式、为员工提供家庭保障、助力员工职业发展等措施，提升员工幸福感与公平感，共同创造和分享更多价值。

最后，吉利践行绿色环保，参与环境保护，推动可持续创新。吉利响应国家和政府号召，秉持环保节能理念，积极参与环境保护治理，建造了危险废物百分百安全处理、工业水超98%重复利用率的绿色工厂；将环保理念融入汽车全生命周期，100%完成环境管理体系建设并通过第三方认证。

三、"吉时雨"计划与"共同富裕"

吉利于2016年开始正式实施"吉时雨"精准扶贫项目，通过产业、教育、就业、农业和消费的扶贫形式"做大蛋糕"，助力共同富裕。

在产业扶贫方面，吉利在贵阳新建了零部件制造工厂，为当地创造了大批就业岗位，增加了政府税收，带动了当地的产业发展。并且吉利还每

[①] 徐展新. 宁波与浙江吉利控股集团签署战略合作协议彭佳学裘东耀与李书福座谈交流. https://difang. gmw.cn/nb/2021−06/25/content_34951102.htm.

年提取工厂净利润的 40% 捐赠给贵阳市慈善总会，助力当地经济发展。在教育扶贫方面，对建档立卡户的学生，吉利与当地的职业院校合作，开设超过 100 个"吉利成才班"，并且自己出资设立院校，为学生提供专业技能培训，为吉利培养人才。在就业扶贫方面，吉利已帮助超过 1000 位建档立卡户实现就业，确保"一人就业，脱贫一户"。在农业扶贫方面，吉利就近与多个贫困乡村建立帮扶关系，助力当地农业项目发展，帮助超过 3000 户建档立卡户和超过 3 万名村民提高农业收入。在消费扶贫方面，从 2018 年起，吉利将公司每年员工福利的一半采购额替换为结对贫困农村地区的优质农产品，累计采购金额超过 4000 万元。[①] 通过"输血更造血"，吉利用五大扶贫形式让"吉时雨"项目真正成为更多贫困地区的"及时雨"，为乡村振兴贡献"吉利力量"。

除了"吉时雨"扶贫，吉利还实施了"共同富裕计划"，为公司员工谋求更多福利。

首先是员工收入增长计划。与固定工资不同，吉利充分发挥激励机制的作用，根据各员工所在公司、业务的不同，基于员工工作表现，给予一定的股权、收益权、奖金等。在经过小范围的试点后，逐渐在各业务集团开展，最终实现所有员工共同创造、共同承担、共同分享和共同富裕。通过这种分配机制，员工与公司"同呼吸，共命运"，工作积极性和收入水平都得到极大提高。

其次是全员职业提升计划。吉利重视员工的发展，也深知学习才能促进企业的长久可持续发展。因此，吉利聚焦培训模块，为和吉利有业务关

---

① 邹冉. 杭州企业黔东南州洒下"吉时雨". https://hznews.hangzhou.com.cn/jingji/content/2019-06/20/content_7213673.htm.

系的内外部员工伙伴设计了一系列培训计划，并根据所处职业阶段"因材施教"，增强培训效果，通过学习推动共同进步。

最后是全员家庭健康保险计划。吉利关心员工的同时也关心员工的家庭，疾病尤其是重大疾病发生时，通常会对一个家庭造成巨大打击，因此除员工本身外，吉利还为员工的直系亲属购买了健康保险，希望能保障家庭幸福，员工也能安心工作。

吉利推行的"共同富裕"计划真正让员工与企业处于同一阵营，助力员工增加工作收入、促进职业发展与家庭幸福。这本质上就是在初次分配中更多地让员工共享发展成果。促进共同富裕，需要企业从自身做起改善员工待遇，增加员工获得感。

表5-6将吉利通过社会责任助力共同富裕的实践表现及启示加以归纳总结。

表5-6　吉利社会责任助力共同富裕分析

分析维度	具体表现
社会责任行动	吉利"吉时雨"促使中西部欠发达地区产业、教育双发展
共富特色	乡村共富
核心能力／资源	雄厚的资产、布局广泛的产业集群，涉及众多的城乡发展结合体
关键利益相关者	中西部欠发达地区的政府、企业、人民
向心性	推进"吉时雨"项目，有助于实现企业价值的可持续性增长
适当性	吉利资产雄厚，拥有广泛的产业布局，旗下设四所院校，保障了"多维度扶贫"的有力开展
前瞻性	吉利形成了"以产业扶贫为基，以教育扶贫为重，以就业扶贫为先，以农业扶贫为本"的扶贫体系
可见性	建档立卡户数量减少，农副产品销量、对口扶贫地区同比收入增长等直观反映了"吉时雨"的扶贫成效
总体成效	吉利通过不同形式的扶贫"做大蛋糕"，助力共同富裕

续表

分析维度	具体表现
评价启示	吉利控股集团通过"吉时雨"精准扶贫项目不仅给贫困地区"输血"，更从源头帮助贫困地区"再造血"，凭借自身广泛的产业布局，通过上下游产业链的整合推动"五大扶贫思路多管齐下"，真正成为"及时雨"，实现共同富裕，为全行业提供了"产业布局与扶贫相辅相成"的思路

四、吉利社会责任行动影响

吉利立足价值投资和产业纵深布局，实现企业价值的可持续增长，使各业务单元始终充满生机并保持竞争优势，凭借"一个价值主张、两个聚焦领域、三个辐射议题、四大原则"多维度推动实现共同富裕。

通过产业创新，吉利不断提升公司竞争力，在技术上具有领先优势。吉利于 2021 年获得"卓越创新企业奖"，该奖项旨在表彰在战略、领导力、商业模式等方面积极创新，具备战略前瞻性，并带动行业升级和产业链协同，对社会产生重要价值与贡献的企业。

"吉时雨"项目有效联结了社政企三方，融合各方所长，集中优秀力量，为精准扶贫和共同富裕做出了巨大贡献。吉利因此也受到多方表扬，例如 2017 年获得"第十二届人民企业社会责任奖年度扶贫奖"。而施行"吉时雨"计划充分激励企业员工发挥主观能动性，提高了员工的成就感与幸福感，也有助于推动企业长期的可持续健康发展。[①]

吉利作为车企行业的领先者，在践行社会责任方面为众多企业树立了优秀的标杆，成为助力共同富裕的重要力量。

---

① 张渊. 潮评社 | 让员工富起来，吉利共同富裕计划细则很给力. http://zjnews.china.com.cn/cncao/dk/2021-08-31/298548.html.

第七节 娃哈哈——对口扶贫，生活"娃哈哈"

企业家精神中很重要的一点就是要承担社会责任，要为促进社会发展和共同富裕发挥作用。

——娃哈哈集团创始人宗庆后

一、娃哈哈创业发展史

娃哈哈创建于 1987 年，是中国最大、全球第五的食品饮料生产企业，在销售收入、利润、利税等指标上已连续 11 年位居中国饮料行业首位。凭借着强劲的品牌优势、雄厚的资金和成熟的体系，娃哈哈成为中国规模最大、效益最好、最具发展潜力的食品饮料企业。娃哈哈在全国建有 80 个生产基地、180 多家子公司，拥有员工近 3 万人，企业规模和效益连续 20 年处于行业领先地位，位居中国企业 500 强、中国制造业 500 强、中国民营企业 500 强前列。

娃哈哈产品涵盖蛋白饮料、包装饮用水、碳酸饮料、茶饮料等 10 余类 200 多个品种，是中国食品饮料龙头企业。除食品饮料研发、制造外，娃哈哈还是食品饮料行业少有的具备自行研发、自行设计、自行制造模具及饮料生产装备和工业机器人能力的企业。①

娃哈哈以"健康你我他、欢乐千万家"为企业宗旨，努力成为业绩一流、责任恒久、基业长青的饮料及大健康龙头企业。娃哈哈坚持发展实体经济、发展先进制造业、抢占战略性新兴产业，在巩固饮料行业龙头地位

---

① 娃哈哈官网. https://www.wahaha.com.cn.

的同时，进军大健康产业、数字化领域，构建全产业链优势，实现小步快跑、稳健发展，向世界 500 强进军。

二、公司社会责任评析

作为民族企业和我国食品饮料行业龙头之一，娃哈哈一直坚持"为大众谋求更多福利，为社会创造更多财富"，在产品创新、社会公益、环境保护等方面做出贡献。

在产品创新方面，面对更加品质化、健康化、个性化的消费需求，娃哈哈努力推动产品创新和品牌升级，在"健康"理念深入人心、成为市场潮流时，积极探索食品饮料行业的"健康产业"。受中医食疗理论的启发，娃哈哈创造性地进行古今融合，将中医理论结合现代生物工程技术，研制出具有养生等功能的健康产品，并根据人群阶段的不同需求，提供不同配置、不同组合的产品，更好地践行"健康中国 2030"战略。[①]

在社会公益方面，娃哈哈坚持"大爱无疆、泽被社会"的公益理念，建立娃哈哈慈善基金会和馥莉基金会。公司公益支持的四大领域为"产业报国、捐资助学、扶危济困、支持'三农'"，截至 2019 年末累计纯公益捐赠 6.5 亿元，2018—2020 年捐赠 7996 万元。[②]除公益捐赠外，娃哈哈员工还积极组建公益社团，投身公益事业。例如，组建娃哈哈志愿服务队，每年开展"学雷锋日"活动，组织"爱心义卖"活动，定期组织志愿者看望敬老院的老人，陪他们过生日等。

---

① 人民网. 用质量与诚信打造品牌. http://finance.people.com.cn/n1/2021/1202/c1004-32297149.html.
② 娃哈哈2020年社会责任报告. https://staticfs.wahaha.com.cn/download/whhim-jsplatformv2-manager/official/1/%E5%A8%83%E5%93%88%E5%93%882020%E5%B9%B4%E7%A4%BE%E4%BC%9A%E8%B4%A3%E4%BB%BB%E6%8A%A5%E5%91%8A.pdf.

在环境保护方面，娃哈哈积极响应国家保护环境、节约能源的号召，坚持绿色生产。[①]娃哈哈建立了一支环保队伍，持续加大环保投入，不仅在企业内部积极开展污水治理和节能减排活动，还积极参与垃圾分类、环保宣传等各项环境治理活动。

三、娃哈哈对口扶贫，实现先富带后富

娃哈哈利用自己在资金、技术和经验上的优势，在贫困地区投资设厂，建立农业生产基地，不仅完善了产业链，获得更加稳定和优质的原料，还缓解了产品"供不应求"的局面，扩大了自己的规模，实现"先富带动后富"，促进了当地的发展。

20世纪90年代中期，国家提出了三峡移民计划，一个较大的问题是涪陵当地有多家工厂经营不善，超过1000名员工面临被裁失业的风险。而交通条件差、基础设施落后，当地员工的思想意识保守、工作作风也比较懒散等各种问题使同行业企业爱莫能助。1994年，娃哈哈勇挑重担，负责妥善安置这批工人。于是，娃哈哈在涪陵建厂，开启西部之行，以产业振兴推动当地经济可持续发展。

娃哈哈深耕食品饮料行业，在产品、技术、市场、资金、品牌等方面具有显著优势。在这些优势的加持下，涪陵公司交出了优异的答卷。成立三个月，涪陵公司即已回本并开始盈利；成立一年，公司产值超过6500万元，获利超过400万元。并且这个数字还在不断上升。截至2018年底，公

---

① 娃哈哈2019年社会责任报告. https://staticfs.wahaha.com.cn/download/whhim-jsplatformv2-manager/official/1/%E5%A8%83%E5%93%88%E5%93%882019%E5%B9%B4%E7%A4%BE%E4%BC%9A%E8%B4%A3%E4%BB%BB%E6%8A%A5%E5%91%8A.pdf.

司累计收入近 100 亿元，利税近 20 亿元。涪陵公司于 1997 年进入重庆市工业企业 50 强，2018 年跻身前 15。娃哈哈这一结对帮扶案例也成为业界典范。

1997 年以来，娃哈哈集团结合企业跨省发展需要，先后在四川广元、湖北黄冈、吉林白山、江西吉安等五个地区建立了工厂，并不断扩大投资，每家获得投资的子公司均健康发展，为当地经济贡献出重要力量。

表 5-7 将娃哈哈通过社会责任助力共同富裕的实践表现及启示加以归纳总结。

表 5-7　娃哈哈社会责任助力共同富裕分析

分析维度	娃哈哈对口扶贫，实现先富带后富
社会责任行动	娃哈哈扶持西部贫困地区，以饮料产业链驱动经济振兴
共富特色	乡村共富
核心能力／资源	资金、技术、经验
关键利益相关者	贫困地区濒临破产的公司及其员工
向心性	赴贫困地区投资设厂可以完善娃哈哈产业链，获得更加优质和稳定的原料来源
适当性	娃哈哈有品牌，资金，技术和经验方面的优势，有能力投资建厂
前瞻性	"移民任务与移民经费总承包"的改革思路，企业兼并的形式，"输血"与"造血"并举的对口扶贫
可见性	通过投资设厂为当地创造了大量的就业岗位和税收，并带动了当地对应行业及其相关行业的发展
总体成效	实现了对口扶贫，促进当地经济发展，反哺了农业的发展。同时，娃哈哈通过这种方式跨省发展，壮大了企业规模，完善了企业体系
评价启示	在企业的社会责任实践过程中，需要长远的战略眼光，结合自身发展需求与利益相关者期望，实现企业绩效与社会福利的双赢

四、娃哈哈社会责任行动影响

娃哈哈是民族品牌的代表，在社会责任方面也走在民营企业的前列。

"大爱无疆，泽被社会"，在产业扶贫方面，娃哈哈"造血"式扶贫与"输血"式扶贫并重，实现先富带后富，完善了公司的产业链，获得了更加稳定和优质的原料，促进了产品质量和品牌形象的提升。

娃哈哈在中西部和附近贫困地区近20个省份建立了超过70家工厂，截至2020年底，为当地创造了约1.3万个就业岗位，累计收入超过2000亿元，利税超过370亿元。这些工厂不仅发挥了带头作用，成为当地经济的重要支柱，而且还带动了产业链上下游的繁荣发展，吸引更多企业加入中西部扶贫队伍，更好地助力乡村振兴。[①]

因为在产业扶贫上的卓越贡献，娃哈哈受到了国家、政府等单位的积极评价，先后多次获评中华慈善奖、精准扶贫行动先进民营企业、国家西部大开发突出贡献集体、全国社会扶贫先进集体、全国对口支援三峡工程移民工作先进单位、全国东西扶贫协作先进集体等。2020年1月11日，娃哈哈位列"2019中国企业社会责任500优榜单"第16位。

第八节　连连支付——连通你我，支付为民

快速发展的移动支付行业应该充分发挥自身优势，真正扎根实体经济，服务实体经济，着力去帮助实体经济解决问题，使其焕发出更旺盛的生命力。

——连连支付创始人刘永安

---

① 人民网. 娃哈哈：以"产业报国、泽被社会"发展理念推动乡村振兴. http://health.people.com.cn/n1/2021/1101/c441254-32270301.html.

一、连连支付创业发展史

连连银通电子支付有限公司（连连支付）成立于 2003 年，是国内领先的独立第三方支付公司，行业支付解决方案的开创者和引领者，是国家重点软件企业、国家高新技术企业。经过多年专注深耕行业支付，连连支付建立起了以移动支付、跨境支付、智能支付、金融技术服务为业务核心的"全球化支付解决方案"，服务范围涉及 20 余个行业的 2 万余家在线交易平台。

截至 2019 年 8 月，连连支付累计交易规模突破 3.4 万亿元，跨境业务累计服务出口电商卖家超 50 万家，品牌覆盖率居业内首位。连连支付善于深入行业不同的垂直领域，并根据每个行业的痛点，定制专属的行业支付解决方案，进而提升平台的资金周转效率、加强用户的资金安全、改善用户支付体验。连连支付运作的代表性创新产品主要分布在移动支付领域和跨境支付领域。

连连支付自成立以来就将"服务、创新、合作"作为企业的经营理念，在努力发展的同时，竭诚为客户带来更加便捷、更加安全、更加贴心的服务。[①] 连连支付专注科技创新，不断推出行业支付解决方案，其服务范围广泛，品牌覆盖率极高，而且具有极强的专业性，能够深入行业痛点，直击不同的行业支付问题。

二、公司社会责任评析

连连支付践行"支付为民"的初心和使命，在提升自身的同时，作为省

---

① 连连支付官网. https://www.lianlianpay.com.

内支付行业领先者，发挥带头作用，在推动创新发展、构建共赢生态网络和促进社会和谐等方面积极承担社会责任。

在推动创新发展方面，连连支付结合自身独立第三方支付公司的身份，为经济发展做出了巨大的贡献。信息技术的飞速发展是一把双刃剑，一方面，为用户带来了更为便捷的服务，让用户在办理支付、贷款等业务时更快速和高效；另一方面，市场上涌现出的"新金融"业务良莠不齐，用户缺乏足够的辨别能力，稍有不慎就可能落入诈骗的陷阱。连连支付作为国内行业支付解决方案的开创者和引领者，就此问题进行了研究创新。通过对超过150亿的高维异构电子支付数据进行分析建模，连连支付推出了基于大数据运算的智能风控模型，借助科技的力量保障用户财产安全。这一举措有力地推动了大数据风控技术的发展，促进传统支付、金融、电商等产业向高质量发展。

在构建共赢生态网络方面，连连支付推出"连薪共管账户"解决方案，不仅减轻了小微企业的负担，并且有效解决了小微企业发放薪资方面的资金安全问题。此外，面向迅猛发展的跨境电商产业，连连支付通过全场景产品构建、营销补贴活动、人才培养等多维并举的措施，帮助国内跨境出口电商企业快速成长。连连支付成功联合各产业生态合作伙伴推出了一键开店、索赔大师、退税管家、供应链金融等全链路产品，满足跨境电商企业日常运营中的一切所需。2019年，连连跨境支付通过线上福利活动，为超过10万家跨境电商企业提供了数十亿免费提现额度补贴，节省支付成本近1亿元。此外，连连支付还联合多家企业、学校、相关机构等，共同开展培训活动，提升从业人员的整体专业技能，为行业输送高质量人才。

在促进社会和谐方面，连连支付积极参与多项公益慈善活动，为贫困地区的老人、儿童等送去温暖。2019年，连连正式成立了连连公益基金会，确立了"关注未来"的主题，定期开展知识扶贫等公益慈善活动。连连支付与多个基金会和慈善会合作，为国家级贫困县的儿童提供医疗救助、物资补助，保障多地贫困儿童正常上学、健康成长。例如，连连支付携手中华少年儿童慈善救助基金会"希望之履"项目，走进多个国家级贫困县，为数千名孩子送去鞋和温暖。此外，连连支付还设立了"连连图书馆"项目，持续向国家级贫困县的孩子捐赠电脑和书籍。

三、连连支付践行"支付为民"，促进社会和谐

作为浙江省内支付行业的领头羊企业之一，连连支付践行"支付为民"的初心和使命，主动承担起相应的社会责任，助力公益模式创新，并带动更多企业和个人参与公益事业。

在信息化逐步推进的社会背景下，大学生、城市外来务工人员以及老年人常常成为电信诈骗的对象。他们因为缺少金融交易的基础知识，防范意识较为薄弱，所以容易进入诈骗团伙的圈套。针对这一现象，连连支付结合其独立第三方支付公司的身份，运用专业的金融消费知识，开展了"支付为民，助力防诈骗"宣传活动。

2019年，在人民银行杭州中心支行的倡议和指导下，由连连支付牵头，联合省内商盟商务、网易支付、唯品支付、航天支付、市民卡有限公司、快捷通支付和传化支付等八家主要法人支付机构，首次以省内支付行业共同开展社会责任活动的形式，极具开创性地开展了"防诈连心公益行"主题系列宣传活动，向社会大众普及金融基础知识。活动通过"走进四校八村十六区"、主题曲创作以及有奖作品征集等形式，现场累计发放宣传资

料 1 万多份，宣传覆盖 5 万余人。活动制作的专题宣传音乐短片在社会各界进行广泛传播，得到了人民银行杭州中心支行、公安等相关部门和社会各界的高度评价，全面展示了连连支付在切实履行社会责任、推进社会公益事业发展、推进打击电信网络诈骗活动的决心和成效。

表 5-8 将连连支付通过社会责任助力共同富裕的实践表现及启示加以归纳总结。

表 5-8　连连支付社会责任助力共同富裕分析

分析维度	具体表现
社会责任行动	连连支付走进乡村，积极应对金融诈骗，推动乡村金融安全
共富特色	乡村共富
核心能力/资源	充足的行业经验；较高的品牌覆盖率和社会响应度；众多的合作伙伴
关键利益相关者	大学生、城市外来务工人员以及老年人
向心性	有利于提高社会公众对连连支付的信任度，扩大客户群体；密切与其他独立第三方支付公司的联系，加强合作
适当性	连连支付为独立第三方公司，熟悉金融支付流程，具备专业能力判断诈骗行为
前瞻性	采用企业和社会公众直接联系的形式，打破原先以政府为主体的局面
可见性	通过提供防诈骗宣传资料、制作专题宣传音乐短片等多种形式，增强人民防范意识
总体成效	增进社会大众对金融基础知识的认知，打击电信网络诈骗犯罪，连连支付获得相关部门和社会各界的高度评价
评价启示	连连支付的共富特色企业社会责任让其真正走进了社会公众，在解决社会痛点的同时，又有助于企业自身的发展。企业要积极运用自身的资源，真正走进关键利益相关者；活动形式应该多样化，让相关利益者真正参与进来；联合同行业其他企业，增强活动的社会影响力

四、连连支付社会责任行动影响

"连通世界，服务全球。"多年来，连连支付积极响应拓宽中外金融市场合作领域的国家战略，搭建连接全球的支付网络，致力于为全球中小企业提供极具创新能力的科技金融服务。在社会公益的践行方面，连连支付同样不遗余力，取得了突出的成效，得到了行业和社会的高度认可。

连连支付的共富特色企业社会责任增强了利益相关者的金融基础知识，提高了防范意识。同时，这些活动也有助于普及金融基础知识，增强社会大众对第三方支付行业的认识和了解，扩大客户群体。此外，连连支付的企业社会责任活动不仅帮助人民银行杭州中心支行加强了预防电信诈骗的宣传，还有助于公安部门开展工作。

第九节　社会责任助力乡村共富的底层逻辑

上述"社会责任助力乡村共富"系列案例生动地展示了这些企业履行战略性社会责任的共性特点。它们都找准乡村需求并充分发挥自己独特能力或资源优势，对应解决偏远乡村及贫困地区利益相关者的各类现实痛点，并促使自身能力获得社会进一步认可。例如，阿里巴巴找准了乡村对物流的需求，传化找准了乡村对医疗资源的需求，海亮找准了乡村对教育资源的需求，横店、万事利、吉利、娃哈哈等企业找准了乡村对经济振兴的需求，连连支付找准了乡村对金融知识的需求。不难发现，这些企业充分运用自身能力或资源所长，积极践行战略性社会责任，为偏远乡村及贫困地区人民解决了痛点难题，提供了丰富资源和机会，同时也促使它们收获更大的市场、更稳健的原材料供应地、更强劲的创新能力等。本书强调，正是这种"企业自身能力匹配乡村迫切需求"的组合模式，促成了上述企业在乡村地区实现了"成人达己"。

第六章

推动可续创新，助力绿色共富

　　绿色创新和可持续发展已成为当今企业发展的重要命题。天能、蚂蚁金服、万向、卧龙、宁波银行、物产中大、双童等浙江企业已先行一步，把绿色创新和可持续发展理念与自身业务变革紧密结合，实现了"绿水青山"和"金山银山"的双丰收，助力绿色共富。这些企业的卓越实践体现了"利用自身绿色创新能力优势，通过推动可持续绿色经济，优化环境，建设生态，带动多方利益相关者实现共富"的第四种共富型社会责任实践路径，并反过来帮助自身实现可持续发展。接下来，本书将带领大家一起来剖析这些案例企业是如何设计并实施战略性社会责任行动，助力绿色共富的。

第一节 天能——奉献绿色能源，缔造美好生活

作为电池行业的代表，我们要下好"双碳"先手棋，走出一条生态与发展兼顾的绿色产业发展道路，让绿色产业更好地惠及广大人民群众。

——天能集团董事长张天任

一、天能创业发展史

天能电池集团股份有限公司成立于 1986 年，是一家以电动轻型车动力电池业务为主，集电动特种车动力电池、新能源汽车动力电池、汽车起动启停电池、储能电池、3C 电池、备用电池、燃料电池等多品类电池的研发、生产、销售于一体的国内电池行业领先企业，也是全球知名的绿色能源系统方案解决商。

公司已在浙、苏、皖、豫、黔五省建成十大生产基地，下属子公司 60 多家，是中国新能源动力电池行业领军企业。凭借自身综合实力，天能电池集团入选全球新能源企业 500 强、中国企业 500 强、中国民营企业 500 强、中国电池工业 10 强。

作为国内电池行业的领军企业，天能电池集团较大的市场份额使公司具有灵敏的市场感知力，可以预判政策导向与群众需求。而公司内部的大量人才，为公司提供了电池研制与生产方面的强大优势，使公司可以迅速响应市场号召，回应人民需要。

天能始终怀揣"成为最受尊敬的世界一流新能源公司"的美好愿景，肩负着"贡献绿色能源，缔造美好生活"的使命，加速构建绿色智造产业链和

循环经济生态圈。

二、公司社会责任评析

作为中国电池行业榜首的企业，天能公司也承担起了相应的社会责任。

在推动创新发展、引领产业创新方面，天能公司持续致力于引领电池行业变革创新，十分重视科技创新的战略布局，迄今为止，共建成四大基地，完善三大平台，打造两大中心，实施三大战略。建有国家级企业技术中心、国家级博士后科研工作站、全国示范院士专家工作站、省重点企业研究院等科技创新平台，与浙江大学、哈尔滨工业大学、华中科技大学、澳大利亚伍伦贡大学等十多所国内外知名高校建立产学研合作关系，推动电池产业持续创新发展。

为促进社会和谐，天能公司在推动社会公益持续创新方面不断发力。2021 年 11 月，长兴县新川村成立了三家"强村公司"，首次将股权基金模式引入乡村振兴，拓宽了村民创富新渠道。天能及乡贤共计捐款 523 万元，助力"村企共建"进入 3.0 版本的新时代。除了和新川村开展村企共建，从2005 年起，天能先后在河南、江苏、安徽、贵州等省份开建工厂，与当地贫困村"结对子"，提供了数万个就业岗位，解决了当地群众的就业和收入问题。2022 年 1 月 12 日，浙江省工商业联合会十一届六次执委会议在杭州召开，天能集团光荣入选会上发布的助力共同富裕"民企样本"。

在践行绿色环保方面，天能公司的表现更为突出。天能在日常生产中积极践行环境友好实践，所生产的铅酸动力蓄电池、锂离子动力电池以及牵引电池作为创新绿色动力，实施全生命周期管理模式，为交通出行、观光休闲、物流快递、环卫清洁、仓储搬运等提供绿色动力电池系统解决方案，引领行业绿色可持续发展。

三、天能用小电池助力大环保

天能集团在推动绿色共富、助力低碳生活方面优势显著。在技术层面，天能集团凭借每年高额的技术投入和严格的环保底线，极大地提高了产品的质量，丰富了产品种类。其绿色动力电池产品因为性能好、技术水平高，受到消费者广泛好评，帮助天能占据较大的市场份额，有力地推动了中国能源绿色化，促进了可持续发展。

天能集团及时了解核心利益相关方——政府——的诉求。2020年9月，"碳达峰""碳中和"成为国家重要战略。低碳是国家高质量发展的进一步要求，意味着以更加清洁的能源在部分领域取代原有污染大的煤炭、石油等能源的使用。但是怎样推广清洁能源？在哪些领域去推广？清洁能源是否会在动力供给上逊于煤炭石油？如何使清洁能源像传统能源一样使用便利、广泛？这些都是需要思考的问题，要实现绿色共富，这些难关必须击破。天能集团精准识别到了这个核心诉求，也由此走上了转型之路。

天能集团就此设计了"锂电数智化，出行绿色化"社会责任项目。天能集团认为，清洁能源在居民出行领域具有很大的推广与发展空间。为解决清洁能源动力供给质量问题、满足居民多方面需求，天能集团凝聚内部优秀人才力量进行攻坚，同时保持巨大的技术投资，不断提升产品质量与性能，有效地为我国乃至全世界提供出行的绿色能源解决方案。

但是动力电池大多依靠家庭充电模式，且城市内充电设施数量少、分布稀疏，导致电动车远途行驶用户体验差，阻碍了绿色低碳生活的推广。这也是政府与大众急切希望解决的问题。天能集团就此推出了天能锂电数智化的 CSR 行动设计，希望通过与蚂蚁链、春藤物联的合作，推动锂电使用便利化、数字化、智能化。以此增加居民出行选择，推动普及低碳出行。2021 年 8 月 19 日，天能锂电与蚂蚁链正式官宣达成战略合作，双方将在新能源领域开展深度合作。同时，天能锂电也与春藤物联签署了战略合作协议，双方共同助力城市"新基建"，开展两轮电动车充换电业务合作。三方合作不断开启行业新篇章，助力"双碳"目标。

三方的合作主要瞄准了两轮电动车"车电分离模式"这一人们迫切的需求。通过聚集三方资源，即天能在电池资产及交易方面的底层数据采集能力，蚂蚁链在电子支付、金融风控、金融对接等方面的能力以及春藤智能换电柜的前期市场布局，为用户提供智慧、安全、迅捷的两轮电动车能源与管理服务。"共享换电"模式通过统一电池规格，实现电池的可租、可换、可升级等配套服务。这一模式恰如一剂良药，从产品与模式两个维度有效消除两轮电动车出行痛点，化焦虑为期待。

无论是天能锂电数智化还是出行能源绿色化，通过企业联合、加大研发、提前布局，为公众各方面需求提供了切实可行的绿色动力电池系统解决方案，为人们提供了参与低碳生活的可靠选择，精准识别人们在两轮电动车使用时换电不方便的难点、痛点，并据此推出"共享换电柜"，从源头解决低碳生活推广的难题。总而言之，这些行动设计不仅充分发挥了天能的长处，更是与国家当下的低碳战略紧密契合。

表 6-1 将天能通过社会责任助力共同富裕的实践表现及启示加以归纳总结。

表 6-1　天能社会责任助力共同富裕分析

分析维度	具体表现
社会责任行动	天能推动锂电数智化，生产环保电池
共富特色	绿色共富
核心能力/资源	强大的多品类电池研发与生产能力
关键利益相关者	政府、消费者
向心性	有利于促进公司产品创新，扩大市场
适当性	储备人才多，科技水平高，可以迅速响应市场需求
前瞻性	倡导天能锂电数智化，形成"车电分离模式"
可见性	换电站建设已被写入政府工作报告，且在部分城市开展试点
总体成效	助力城市基础建设水平提升，推进居民出行便利化、低碳化
评价启示	天能集团在社会责任项目中巧妙地平衡了公司经济效益与大众对低碳出行的强烈需求之间的关系，是成功的社会责任项目。对其他企业进行社会责任项目设计具有很强的借鉴意义：既要保持较高的政策灵敏度，及时识别核心利益相关者的真实诉求，同时也要反应迅速，充分利用自身资源优势，大胆进行企业间合作与创新

四、天能社会责任行动影响

天能集团不断为共同富裕提供新动力、新模式。也因此受到了政府部门的认可与嘉奖。在 2020 浙江省企业社会责任高峰论坛暨表彰大会上，天能集团荣获"浙江省企业社会责任优秀报告""浙江省企业社会责任标杆企业（环境保护）""浙江企业抗击疫情卓越贡献奖"等三项荣誉。2022 年1 月 12 日，天能集团光荣入选浙江省工商业联合会助力共同富裕"民企样本"，通过媒体的报道，引发民众广泛关注。①

清洁能源电池研制的巨额投入助力天能集团产品质量不断优化，在市场上受到用户的信赖与喜爱，同时换电站的规划与布局提升了用户体验，

①　中华网.天能集团入选助力共同富裕"民企样本".https://tech.china.com/article/20220114/012022_985324.html.

使人们对清洁能源更具信心，天能集团 2020 年净利润同比增长 52.83%，2021 年上半年营收增长 9%。在绿色共富方面积极承担社会责任，不断开拓清洁能源的适用领域，扩宽市场空间，也受到了资本市场投资者的关注。

天能集团继续行走在推动共同富裕的道路上，通过持续培植特色产业集群，把独特的机遇和地区的产业基础、比较优势等结合起来，形成优势产业链群，真正产生"1+1 > 2"的效果，增强对经济的辐射和带动作用。

第二节　蚂蚁金服——绿色公益，全民环保

蚂蚁森林是我最满意的自家产品之一，它体现了科技背后人性的温度，以及一个事实：科技，是这个时代最大的公益。

——蚂蚁金服首席执行官井贤栋

一、蚂蚁金服创业发展史

蚂蚁金服起步于支付宝，于 2014 年 10 月正式成立，是一家旨在为人们带来普惠、绿色服务的创新型科技企业。作为全球领先的金融科技开放平台，蚂蚁金服致力于以科技推动包括金融服务业在内的全球现代服务业的数字化升级，携手合作伙伴为消费者和小微企业提供普惠、绿色、可持续的服务。

蚂蚁金服旗下现拥有支付宝、余额宝、花呗、蚂蚁聚宝、网商银行、芝麻信用等子业务板块。作为金融科技的领先者，蚂蚁金服不断创新，并在全球范围内与合作伙伴们分享技术，共同为用户提供移动支付和数字普

惠金融服务，让科技服务更便捷、更有温度；作为金融服务的提供者，蚂蚁金服通过开放平台战略，在支付宝内引入数字金融、政务民生、本地生活等各领域服务方，为消费者提供了一站式的数字生活平台，在推动行业变革的同时创造了极大的社会价值；作为众多公益项目的发起方，蚂蚁金服将企业发展战略与模式创新与社会公益相结合，通过"蚂蚁森林""加油木兰"等社会责任项目，实现了社会价值与商业价值的双轮驱动。[1]

二、公司社会责任评析

蚂蚁金服在履行社会责任的过程中，充分运用科技力量，怀着公益初心，推动社会责任融入企业技术与模式创新，从而为世界带来更多微小而美好的改变。

在引领产业创新变革、构建共赢生态网络方面，蚂蚁金服积极拓展全球化数字技术创新应用。2020 年，蚂蚁链联合马来西亚虚拟运营商 XOX，共同推出了一个本地化供应链溯源服务平台（TraX）。依托这个平台，大量中小企业以及普通消费者可以直接针对各类商品的原产地以及商品涉及物料情况开展溯源查询，所有信息实现公开透明。借助信息可追溯、不可篡改的特性，蚂蚁链的解决方案很好地解决了生产信息难以获得、真实性缺乏保障的难题，推动了全球的数字普惠。[2]

在推动社会公益创新方面，蚂蚁金服鼓励数字创新与包容，努力消除数字鸿沟。对于老年人群体，蚂蚁金服积极探索如何从产品设计环节考虑

---

① 蚂蚁集团官网. https://www.antgroup.com.
② 蚂蚁集团2020可持续发展报告. https://www.antgroup.com/news-media/media-library?type=%E7%A4%BE
%E4%BC%9A%E8%B4%A3%E4%BB%BB%E6%8A%A5%E5%91%8A.

老龄化需求，加大产品技术的适老化改造，帮助银发族接触数字网络，享受数字化便利。通过"关怀版"支付宝，老年人能够体验到字体更大、功能更简洁、集合健康码、充话费、电子交通卡、健康科普等常用生活功能的使用界面。为了解决老年群体在使用数字技术方面的实际困难，蚂蚁金服在 2020 年发起"蓝马甲"公益计划，走进社区帮助年长者解决调用健康码、扫码乘车、打车问路等实际问题，帮助他们享受更友好的数字生活。

截至 2021 年 3 月，共开展"蓝马甲"理财投资讲座 310 场，共开设志愿者服务站点 161 个，开展志愿活动场次 780 场，共覆盖社区等站点 471 个，服务 25 万人次。对于原先难以享受数字生活的视障人群，蚂蚁金服在互联网上铺设"盲道"，用技术与关爱打造更平等、包容的数字平台。通过建立无障碍开发档案，打造产品设计端的无障碍设计理念，同时建立由全国约 200 名活跃视障用户、蚂蚁客户权益团队"蚂蚁体验官"组成的线上小组接收视障人群需求，极大地优化了支付宝的无障碍体验。同时，蚂蚁金服还开创性地开发了无障碍检测插件，通过赋能第三方，推动支付宝上200 多万个小程序和合作伙伴一起参与无障碍体验的保障。截至 2020 年 12月，支付宝无障碍用户数超 80 万人。[①]

在参与环境保护、推动可持续发展方面，蚂蚁金服坚持绿色可持续发展战略，依托自身数字生活平台力量倡导社会共同行动，让绿色成为人人可及的生活方式，为各行业的绿色低碳转型提供有力支持。通过蚂蚁森林项目，蚂蚁金服鼓励使用者通过低碳生活方式积累绿色能量并种下树种，参与创造"看不见的绿色"，形成了聚焦生态环保以及可持续发展的全新

---

① 蚂蚁集团2020可持续发展报告. https://www.antgroup.com/news-media/media-library?type=%E7%A4%BE%E4%BC%9A%E8%B4%A3%E4%BB%BB%E6%8A%A5%E5%91%8A.

"公益激励机制"。同时，蚂蚁金服还通过推出绿色基金专区、认定商家绿色经营行为、加大绿色投资、推出"绿色花呗专项计划"等行动创新绿色金融产品与服务，为构建健全的绿色金融体系做出贡献。[①]

三、蚂蚁金服助推全民环保，践行绿色创新

全球面临着严重的环境问题，包括全球变暖、能源危机、水污染等。在环境问题面前，每一个人都是核心利益相关者。但如何聚合尽可能多的利益相关者的力量以实现"全民公益，全民环保"，这是绿色公益项目需要解决的重要问题。蚂蚁金服作为中国领先的金融科技企业，其用户基数庞大，受众面广，具有聚合利益相关者的天然优势。蚂蚁金服利用互联网思维和手法，不断探索可持续发展新途径，努力实现可持续发展下的共同富裕。

蚂蚁森林是其中最具特色，也是被大家最广泛知晓的公益项目。蚂蚁金服推出这一公益项目的初心是希望能够呼吁公众一起关注"低碳减排"，并尝试带动大家一起参与。依托支付宝平台，蚂蚁金服构建了"蚂蚁森林"，用户们可以通过乘坐公共交通等方式实现低碳生活并获得绿色能量。当用户积累了一定数量的绿色能量，就可以选择为生态脆弱地区种植下真树，或认领生态保护区权益等。[②] 当然，在这一过程中，蚂蚁金服与公益机构紧密合作。由集团向公益机构捐赠资金，再由公益机构组织树木种植、养护等具体工作，并由当地林业部门进行业务监管，从而实现公益驱动下

---

① 蚂蚁集团2020可持续发展报告. https://www.antgroup.com/news-media/media-library?type=%E7%A4%BE%E4%BC%9A%E8%B4%A3%E4%BB%BB%E6%8A%A5%E5%91%8A.

② 王琳娜. 青海省3年实施"蚂蚁森林"公益造林1.2万亩. https://www.chinanews.com.cn/sh/2021/09-25/ 9573800.shtml.

的生态修复。

数据显示，截至 2021 年 3 月底，参与过蚂蚁森林公益项目的用户已经超 5.5 亿人次，可见其受欢迎程度。更重要的是，用户的公益绿色行动减少了碳排放 1200 多万吨，超过 2.23 亿棵真树被种植到沙漠等生态脆弱地区，种植总面积达 300 多万亩。此外，总面积超过 420 平方公里的十多个公益保护地落户九个省份，成为濒危保护动物的重要庇护家园。除了环保实践，蚂蚁森林项目还拉动了就业，促进了经济发展，为各地累计创造了73 万人次的绿色就业岗位，增加就业收入超过 1 亿元。

令人称道的是，蚂蚁森林项目真正打造出了一个绿色公益生态圈。在这个项目中，公益组织、政府部门、高校院所、科研机构、娱乐公司，以及品牌机构等超过 800 家合作伙伴汇聚在一起，为绿色公益贡献自己的力量。蚂蚁森林首推的"手机种树"模式被全国绿化委员会办公室和中国绿化基金会正式纳入我国义务植树体系。经统计评估，蚂蚁森林生态系统生产总值（GEP）已超过 113 亿元。多方协作能够助力更多元化的生态公益模式探索，包括经济树种拓展、保护地生态游、林下经济探索等，推动绿色发展的模式创新。①

表 6-2 对蚂蚁金服通过社会责任助力共同富裕的实践表现及启示加以归纳总结。

表 6-2　蚂蚁金服社会责任助力共同富裕分析

分析维度	具体表现
社会责任行动	蚂蚁金服打造"蚂蚁森林"，传递绿色能量，助力沙漠绿化

① 蚂蚁集团2020可持续发展报告. https://www.antgroup.com/news-media/media-library?type=%E7%A4%BE%E4%BC%9A%E8%B4%A3%E4%BB%BB%E6%8A%A5%E5%91%8A；程梦玲. 蚂蚁集团公布碳中和路线图. https://finance.sina.com.cn/tech/2021-04-22/doc-ikmyaawc1189125.shtml.

续表

共富特色	绿色共富
核心能力／资源	平台企业庞大的用户基数、数字技术赋能绿色物流
关键利益相关者	平台用户
向心性	蚂蚁森林项目有利于为支付宝平台创造流量，增强用户黏性
适当性	蚂蚁金服作为全球知名的互联网平台企业，拥有庞大的用户群体，为全民环保行动创造了条件
前瞻性	"蚂蚁森林"将虚拟场景与现实环保公益行动相结合，在应用场景中引入社交机制、经营机制等设计
可见性	"蚂蚁森林"是平台用户能够直接参与的企业社会责任行动
总体成效	"蚂蚁森林"助推全民环保，创造了巨大的生态效益和生态价值，推动绿色发展的模式创新
评价启示	实现了环境效益与商业价值的共赢，让"全民环保"成为趋势

四、蚂蚁金服社会责任行动影响

蚂蚁金服参照联合国可持续发展目标（SDGs），以实现共同富裕为目标，围绕坚守数字责任、坚持绿色可持续发展、推动全球数字普惠、持续推动公众参与公益、专项行动与可持续发展基础等六个方面开展社会责任实践。蚂蚁金服的行动让金融科技变得更温暖、更包容，降低了数字技术的使用门槛，弥合数字鸿沟，为不同群体提供了更多的选择和可能性[1]，努力让更多人享受到技术带来的温暖。他们不仅将技术的温度传递给了视障人群、老龄人群，也传递给了和朋友一起种"蚂蚁森林"、一起在蚂蚁庄园内养虚拟小鸡并献出爱心的每一个普通人。

蚂蚁金服企业社会责任项目的创新性与战略性得到了社会的广泛认可，也因此获得国内外诸多社会责任与社会创新相关奖项，包括行动者联盟

---

[1] 蚂蚁集团2020可持续发展报告. https://www.antgroup.com/news-media/media-library?type=%E7%A4%BE%E4%BC%9A%E8%B4%A3%E4%BB%BB%E6%8A%A5%E5%91%8A.

2019公益盛典"年度十大公益企业"[①]、第十三届人民企业社会责任奖绿色发展奖[②] 等，蚂蚁森林项目也获得联合国"地球卫士奖"[③] 以及2021年"保尔森可持续发展奖"优胜奖[④]，得到了政府部门、企业伙伴、公益机构以及平台用户的多方支持。

正如蚂蚁集团CEO井贤栋所言："我们相信，我们可以做得更多。科技可以成为可持续发展加速推进的绿色引擎，金融科技也有更多绿色魅力可以被挖掘。"蚂蚁金服通过深化内部治理、推进数字创新和协作共赢、全面推进社会责任战略，携手每一位用户和伙伴，共同奔赴普惠、绿色、可持续的未来。[⑤]

第三节　万向——清洁能源助推"双碳"落地

企业兴盛常得益于对社会发展目标的推进，任何企业都不能在公众利益之外独立发展。

——万向集团创始人鲁冠球

---

① 凤凰网公益. 蚂蚁金服获评行动者联盟2019公益盛典"年度十大公益企业". https://gongyi.ifeng.com/c/7sGHHpeDS4W.

② 人民网. 蚂蚁金服获第十三届人民企业社会责任奖绿色发展奖. http://gongyi.people.com.cn/n1/2018/1218/c422235-30473561.html.

③ 联合国环境规划署. 中国蚂蚁森林项目荣获联合国地球卫士奖. https://www.unep.org/zh-hans/xinwenyuziyuan/xinwengao/zhongguomayisenlinxiangmuronghuolianheguodeqiuweishijiang.

④ 保尔森基金会. 2021年"保尔森可持续发展奖"年度大奖重磅揭晓. https://paulsoninstitute.org.cn/press_release/2021/E5%B9%B4%E4%BF%9D%E5%B0%94%E6%A3%AE%E5%8F%AF%E6%8C%81%E7%BB%AD%E5%8F%91%E5%B1%95%E5%A5%96%E5%B9%B4%E5%BA%A6%E5%A4%A7%E5%A5%96%E9%87%-8D%E7%A3%85%E6%8F%AD%E6%99%93/.

⑤ 蚂蚁集团2020可持续发展报告. https://www.antgroup.com/news-media/media-library?type=%E7%A4%BE%E4%BC%9A%E8%B4%A3%E4%BB%BB%E6%8A%A5%E5%91%8A.

一、万向创业发展史

万向集团创建于 1969 年，从鲁冠球以 4000 元在钱塘江畔创办农机修配厂开始，经过 50 多年的艰苦创业、卓越奋斗，现已发展成为涵盖汽车零部件、清洁能源、现代农业等多领域，拥有员工 2 万余人，主导产品市场占有率 56% 以上的跨国集团，是国务院 120 家试点企业集团和国务院 120 个双创示范基地中唯一的汽车行业企业。

万向作为跨国企业在科技领域强调自主创新和科技合作，善于利用全球资源参与全球竞争，打造有全球影响力的品牌。2021 年，万向集团以 1267.3776 亿元营业收入名列浙江省民营企业 100 强第 7 位，中国企业 500 强第 180 位，中国制造业企业 500 强第 78 位。中国 100 大跨国公司榜单中，万向集团以海外资产 355.6052 亿元、海外收入 715.3354 亿元、海外员工 12916 人、跨国指数 49.58% 名列第 57 位。

将"鲁冠球精神"作为企业价值观的万向集团正围绕"让空气更清新"的使命，着力强化万向在国际化和科技领域的优势，把握能源革命和科技革命的机遇，做强清洁能源、动行智控和数字经济，全力建好万向创新聚能城，抢占未来工业科技制高点。[①]

二、公司社会责任评析

万向始终坚持"尽一己之力，帮助需要我们帮助的人"的初衷，积极主动承担社会责任，在全面建设社会主义现代化强国、高质量发展建设共同富裕示范区的新征程中顺势而为，抓住机遇，不断创造与奉献，为"大同"

---

① 万向官网. http://wanxiang.com.cn.

理想不懈奋斗。

国际公益方面，万向实施国际化战略，引领开放包容，做出积极探索。2011 年万向开始启动"十万人留学中国计划"，资助美国学生来华交流学习，增进中美人民友谊。新冠疫情在全球暴发蔓延之时，万向携民生保险公益支持的微医在 2020 年 3 月中旬上线了"全球抗疫平台"，免费为海外侨胞和国际友人提供在线咨询、心理援助、中医咨询、防疫知识科普、疫情播报等服务。

公益慈善方面，万向推出浙江省农业技术推广项目、萧山区贫困家庭资助、"万向助困·送温暖""万向助学"等诸多公益慈善项目；从浙江辐射全国实施"四个一万工程"（资助 10000 名孤儿成长、10000 名特困生读书、10000 名残疾儿童生活、10000 名孤老养老），旨在为孤有所托、老有所养、残有所靠、难有所帮尽一份爱心，为社会和谐出一点力。该项目覆盖 21 个省份，资助 4 万余人次，资助金额 2 亿余元。

环境保护方面，万向积极开展保护生物多样性、天然植被、水源地等活动，传递绿色环保理念，推动公众参与自然教育，探索开辟"绿水青山就是金山银山"的新路径，打造生态文明建设的新样本。[①]

三、万向整合全球资源，推动可持续发展

万向于 1999 年开始布局清洁能源，发展电池、电动汽车、储能、分布式能源、风力发电等产业。国家"十四五"规划提出大力发展新能源后，万向紧紧围绕"让空气更清新"的使命，深刻把握能源革命、科技革命，不断深耕清洁能源的技术研究应用与生产。经过长期发展，万向建立起国际化

---

① 万向官网. http://wanxiang.com.cn；鲁冠球三农扶智基金官网. http://www.lgqtrust.com/engineer.html.

清洁能源产业和技术平台，并联合国际顶尖科研机构开展清洁能源前沿技术的研究，抢占世界清洁能源的制高点。

国家提出碳达峰、碳中和的战略目标后，万向集团旗下公司万向123作为节能与清洁能源的系统应用公司，将专业技术优势与环境、社会问题的解决有机地结合起来，提供一流的系统应用方案。在节能电池领域，万向123采用了自主研发的核心材料超级纳米磷酸铁锂的第二代48V微混系统在2021年投入量产，电芯功率密度达到6200瓦/千克，相比第一代，单位车辆的节油率提高了5%～8%。万向123还对电池进行了去铅化处理，节约成本的同时减少对环境的污染。在新能源汽车电池领域，万向123秉承"安全至上、行稳致远"的产品理念，率先在行业内推出了七系三元单晶电池产品，寿命比竞品高出50%以上。产品通过严苛的针刺、过充等安全检测，具有极高的安全性，在市场上脱颖而出。近年来，万向123持续加大投资和研发力度，重视人才培养，利用丰富的战略资源完成高端清洁能源生态圈的构建，为实现"双碳"目标和持续共富做出前沿技术贡献，奉献了万向智慧和力量。在储能领域，万向123在发电侧和用电侧提前布局，计划用两年的时间对储能技术的电池产品应用场景进行全覆盖开发，拓宽产品应用领域，使产品技术无缝适配各种应用场景，减少碳排放量。

同时，万向各公司以绿色工厂建设为标准，从节能、节材、减排、效率、品质等方面进行持续优化，开展绿色化工艺技术创新，持续提升绿色制造水平、深化企业节能环保措施，推动工业绿色转型升级。万向重视资源循环利用，积极改造设备，降低原材料损耗，减少废弃物的产生。例如，采用切削液回用、集中供液工艺，循环利用过滤后的废切削液，减少了切削液浪费与危废处理成本；建立收集水池，实现了摩擦压力机线模具冷却水的循环再利用，减少了自来水消耗和污水处理费用；根据不同的照明区域和不同的照度要求，对厂区的照明设施进行改造，每年可节电 6.6 万千瓦时，减少了温室气体的排放；万向精工重新布局用气管理，实行压缩空气分级供气，大幅减少了空压机用电量，每年可节电 35.6 万千瓦时，减排温室气体 186.76 吨。

万向钱潮和万向精工积极进行数字化、智能化制造升级改造，提升装备能效，努力从源头实现绿色生产。如在锻件生产中，淘汰了高污染、噪声大、高燃煤消耗的锻造模式，使用中频快速秒加热或少切削、无切削的冷挤压模式；积极推广以车代磨加工工艺，提升生产效率，减少环境污染。万向钱潮自主开发实用性更高的中型钻孔专机可使四道加工工序在一台设备上完成，从源头上达到了优化场地、提高自动化程度及生产效率、保证装配质量、实现精益生产的目标。

万向还注重节能减排、循环发展、绿色制造的宣传，通过内训外培、线上线下相结合的方式，形成了良好的节能宣传氛围，鼓励员工从日常小事入手，在生产与生活中践行节约环保的理念。例如，万向钱潮组织开展能源管理体系的培训和评审，为公司在生产过程、能耗管理、持续提升方面进行科学化、体系化的辅导、诊断、改善，从而进一步提升公司绿色工厂的管理能力；万向精工以开展清洁生产审核以及环境、质量、能源管理体系建设与认证等工作为契机，对全员进行安全、环保、节能的宣传教育和培训，多次开展消防、交通、质量、TPM 等方面培训，并制定相应的奖惩制度，提高员工节能减排积极性。万向钱潮和万向精工也因此被杭州市经济和信息化局认定为杭州市 2021 年绿色低碳工厂。①

---

① 万向官网. http://wanxiang.com.cn；万向钱潮股份有限公司官网. http://www.wxqc.com.cn.

表 6-3 将万向通过社会责任助力共同富裕的实践表现及启示加以归纳总结。

表 6-3 万向社会责任助力共同富裕分析

分析维度	具体表现
社会责任行动	万向推动绿色制造，打造更环保的绿色节能工厂
共富特色	绿色共富
核心能力 / 资源	清洁能源领域丰富的经验和技术成果、国际资源
关键利益相关者	政府、环境保护协会
向心性	在双碳背景下坚持绿色化工艺技术创新研发有利于企业抢占市场份额，同时树立低碳环保形象，推动企业可持续发展
适当性	万向很早布局清洁能源行业，在该领域具备雄厚实力与独特优势
前瞻性	推动清洁能源领域技术创新升级，引领行业打造"绿色工厂"趋势
可见性	降低产品成本和碳排放量，减少环境污染，有利于改善环境质量
总体成效	依靠科技创新在研发、制造等环节实现低碳节能，提升产品附加值，为企业积累良好社会声誉
评价启示	该行动以科技成果助推持续共富、绿色发展，启示同行业各企业重视技术创新和合作，自觉建设资源节约型、环境友好型企业，积极履行社会责任

四、万向社会责任行动影响

万向在助推持续共富、绿色发展方面做出的努力得到了政府等相关部门、社会各界和广大民众的一致认可和好评，浙江省发展改革委等相关部门合力推动围绕清洁能源产业的万向创新聚能城建设项目取得更大突破。此外，万向开展产业助农、"三农"扶志，为贫困学生捐款助学，积极参与公益慈善等助力共富事业。《人民日报》《浙江日报》《半月谈》等多家知名媒体对万向积极履行社会责任进行报道。2022 年，万向入选浙江省八个助力共同富裕"民企样本"。

社会责任深深嵌入万向的价值观，是万向得以长久持续发展的基本前提，也是万向赢得市场信誉的关键积累，促使万向逐步成为世界名牌。50多年来，万向认真地向社会各方利益相关者了解其真实需求和期望，尝试着从中找到与自身业务发展的结合点，并在不断回应外部需求的摸索中，找寻到有利于自身变革转型的创新机会，从而有效地夯实自身产业基础和协同平台，形成了商业生态系统优势。

面向未来，通过积极参与各类社会责任实践，万向彰显了民营企业的时代担当和价值追求。面向不同利益相关者的责任型创新模式，也将引领万向掌握主动，创造更加丰富的转型突破机会，实现自身业务发展与外部责任担当之间的共赢，不断回馈社会，逐步成就自己。[①]

第四节　卧龙——响应低碳政策，致力绿色创新

卧龙的企业精神是"诚、和、创"，其中"和"就代表着"和谐、亲和"。

——卧龙集团创始人陈建成

一、卧龙创业发展史

卧龙集团成立于1984年，拥有卧龙电驱、卧龙地产、Brook Crompton等三家上市公司，以电机及驱动为主业，涵盖工业自动化、能源管理、房地产、贸易等业务领域。卧龙集团在全球范围内拥有三大运营中心，39个制造工厂，四大研究中心，销售及服务网络遍及全球100多个国家和地区，

---

① 万向官网. http://wanxiang.com.cn.

布局广泛。

龙能电力专注于能源管理业务，为人们生产、生活提供各种类型的清洁能源；卧龙地产用心打造精品楼盘，守护数十万业主的美好健康生活；卧龙国际商务通过集采购、仓储、加工、销售于一体的铜精矿产业平台，服务国家战略性资源的进口需求。

作为拥有三家上市公司的集团，卧龙的业务范围广泛。卧龙集团重视研究中心的建设与发展，具有较为先进的智能制造体系，可以使产业制造向高效与环保方向发展。此外，卧龙集团资金较为充足，有能力减少生产过程中的能源消耗，促进生产方式的变革。

卧龙把"以科技驱动未来，为世界提供不竭动力"作为自己的使命，致力于成为全球电机领导者。卧龙用心服务客户，帮助员工成长，真诚回馈社会，努力推动能源消耗和生产方式的变革，服务于人与社会、人与自然的和谐发展。[1]

二、公司社会责任评析

卧龙集团的核心价值观"诚、和、创"是卧龙人自信自强的立身之本，是卧龙人奋发图强的精神力量，是卧龙人创新创造的不竭动力，是卧龙人生存发展的命脉所在。围绕这一核心价值观，卧龙集团投身于社会公益事业，体现了民族企业、国家优先的事业担当。

在推动创新发展方面，卧龙智能制造体系以卧龙电驱为核心，聚焦电机及驱动产业，通过持续技术创新以及新材料、新工艺、电力电子的运用，不断提升驱动系统能效，降低碳排放。卧龙集团研发的新一代永磁电机驱

---

[1] 卧龙官网. https://www.wolong.com.

动系统，比传统异步电机体积减小 1/3，效率提升 10%，引领产业变革。未来，卧龙将打造电机产业大脑，为产业链上下游企业提供多场景数字化赋能，推动全行业数字化水平提升。

在促进社会和谐方面，卧龙集团做出了很多贡献。在推动社会公益方面，卧龙集团成立卧龙集团慈善基金会，助力国家精准扶贫。近年来，卧龙在希望助学、扶老助幼、助残济困、赈灾以及公益事业捐赠等方面做了大量的工作，公益慈善事业累计捐赠达 1.5 亿元。在创建政企亲清关系方面，卧龙集团秉持着良好的商业环境是企业生存发展之根本的理念，根据中央反腐倡廉精神并结合公司经营管理的需要，向公司的供应商伙伴发出廉洁倡议，着力构建公平完善的采购竞争机制，为优质供应商提供更加广阔的合作空间。在员工关怀方面，卧龙集团积极倡导"卧龙是卧龙人共同的家园"的员工理念，始终相信员工是企业最宝贵的资源和财富。卧龙集团为员工提供完善的衣食住行配套设施、丰富多彩的文娱活动和无微不至的员工关爱，着力构建企业与员工的利益共同体。

在践行绿色环保方面，卧龙崇尚绿色发展理念，专注以绿色研发、绿色设计、绿色制造、绿色产品助力节能减排和环境保护。卧龙总部及上虞制造基地配电总负荷 10 兆瓦，光伏发电装机容量 8.5 兆瓦，年发电量 900 万度，已基本实现碳中和目标。

三、卧龙双管齐下推动绿色发展

卧龙集团积极响应"碳达峰"和"碳中和"目标，投身于绿色创新和环境保护事业。

在政策支持上，推动企业进行低碳生产已成为共识，低能耗的生产过程与产品也成为一种趋势。在技术水平上，卧龙集团在全球分布有四大研究中心，每年都会在科技力量上进行大量的资金投入。卧龙电力的智能制造体系不断提升驱动系统能效，降低碳排放。低碳环保的节能技术也渗透在楼盘建造的全过程。在资金运用上，卧龙集团有三家上市公司，资金力量较为雄厚，有能力减少能源消耗和促进生产方式变革。

卧龙旗下的卧龙地产和卧龙电驱为推进绿色环保事业做出了巨大的贡献。其中，卧龙地产积极响应国家关于建设海绵城市、绿色建筑的要求，致力于创建宜居空间的美好愿景，追求在建筑全生命周期的技术经济合理和效益最大化。在项目规划上，争取尽可能多的绿化植被；在单体设计上，通过一系列节能措施，降低建筑自身能耗；在建筑用材上，多采取环保用材。此外，卧龙地产致力于创建绿色安全工程，从规划端开始合理规划施工道路、施工界面，减小施工场地对外界的影响，积极保护环境。卧龙地产为业主打造更加宜居的住房空间，满足业主更高的生活质量要求。[①]

卧龙电驱公司生产的无刷直流电机、交流伺服电机、高压变频器以及超高效节能电机是国内最有效的节能产品。公司作为新能源汽车驱动系统的领军企业，深耕新能源汽车电气驱动产品，为清洁能源产品的推广应用提供企业力量。卧龙旗下子公司累计建设光伏电站 30 个，发展光伏新能源，响应能源行业向低碳、清洁能源、综合能源服务转变的趋势。除了以产品促进社会低碳发展，卧龙电驱还建立了完善的环保制度，寻求低碳清洁生产，在生产经营中承担起保护环境的社会责任。[②]

表 6-4 将卧龙通过社会责任助力共同富裕的实践表现及启示加以归纳

---

① 卧龙地产2020年社会责任报告. https://data.eastmoney.com/notices/detail/600173/AN2022041215588 60741.html.

② 卧龙电驱2020年社会责任报告. http://quotes.money.163.com/f10/ggmx_600580_7199573.html.

总结。

表 6-4　卧龙社会责任助力共同富裕分析

分析维度	具体表现
社会责任行动	卧龙把"低碳绿色"贯彻到全部业务板块，助力海绵城市、绿色建筑
共富特色	绿色共富
核心能力/资源	先进的节能技术；雄厚的资金力量
关键利益相关者	政府
向心性	迎合市场需求；有利于促进产品与技术的创新
适当性	人才力量强大，科技水平高；节能措施投入充足
前瞻性	卧龙地产促进新型环保城市的构建；卧龙电驱促进制造业向节能环保方向发展
可见性	卧龙地产为业主打造了宜居空间，深受欢迎；卧龙电驱生产超高效节能电机，耕耘新能源汽车的推广，建立了完善的环保制度
总体成效	打造宜居空间，助力新型城市建设；推动制造业节能化生产，推广清洁能源的使用
评价启示	卧龙地产和卧龙电驱在承担特色社会责任上，都是结合自身实际来进行的，兼顾了经济利益与社会效益，做到了可持续发展

四、卧龙社会责任行动影响

作为行业的头部企业，卧龙公司一直行走在承担社会责任的道路上，以实际行动助力共同富裕目标的实现。在企业内，卧龙集团对员工无微不至的关爱，履行着架构幸福共同体的诺言，为员工筑起满是温暖的港湾。在企业外，卧龙集团一直将协助政府共同帮助中小企业得到发展作为自身工作之一。

卧龙近些年一直致力于创新产品，坚定地行走在数字化之路上，助推制造业整体产业链健康发展，推动行业的高质量发展，从而推动经济的高质量发展，为共同富裕做大"蛋糕"。

作为制造业企业，卧龙一直走在推动绿色可持续性创新的前列，无论是卧龙电驱还是卧龙地产，都将"低碳绿色"的理念渗透到生产经营的全过程，致力于实现绿色共富。"诚、和、创"就是对卧龙集团最好的写照，公司致力于把绿色、节能、高效的动力带到世界的每个角落，为碳达峰、碳中和贡献力量。

第五节 宁波银行——用绿色金融助力低碳变革

用双脚丈量大地，用专业创造价值。

——宁波银行董事长陆华裕

一、宁波银行创业发展史

宁波银行成立于 1997 年 4 月，2007 年 7 月在深圳证券交易所挂牌上市。经过长期发展，宁波银行现已成为总资产超过 1.3 万亿元，员工人数近 2 万人的股份制上市商业银行。截至 2019 年底，宁波银行在上海、杭州、南京、深圳、苏州、温州、北京、无锡、金华、绍兴、台州、嘉兴、丽水、湖州、衢州设立了 15 家分行，营业网点达到 374 家，其中宁波地区网点 215 家，分行 159 家。

通过探索和实践，宁波银行逐步形成了自身的经营特色和竞争优势：中小企业、中高端客户服务、扁平化组织架构、风险控制、完善的公司治理、员工激励机制、资产质量。[1]

---

[1] 宁波银行官网. http://www.nbcb.com.cn.

宁波银行办行以来，凭借良好的区位优势，秉承"以客户为中心，以市场为导向"的经营理念，孜孜探索地方商业银行的管理模式和办行路径，在促进各项业务稳健、快速发展的同时，逐步形成了适应市场需要的业务运行机制和管理模式，构建了运行高效、管理科学、规范有序的扁平化业务运行机制和管理流程，逐步成为一家资本充足、运行良好、盈利水平较高的地方股份制商业银行。

二、公司社会责任评析

宁波银行在服务实体经济中，通过帮扶小微企业、优化涉农服务、发展绿色金融等方式，积极践行社会责任，实现自身稳健可持续发展，推动共同富裕。

在帮扶小微企业方面，宁波银行迈出了数字化创新的第一步，创下了业内的"两个唯一"：唯一一家连续十年不良率低于1%的中国上市银行，不良率仅为0.79%，拨备覆盖率超过500%；唯一一家除2020年之外连续十年盈利增长率保持在15%以上的中国上市银行。在这两组数据背后，是宁波银行为无数中小企业解决了资金运转的难题。为了更好地服务于中小企业，宁波银行深圳分行还成了首批上线地方征信平台的银行之一，利用数字、信用体系，更精准地助力中小企业发展。

在优化涉农服务方面，宁波银行将相关农业列为重点领域，尽力为农民提供便利的金融服务。2020年底，宁波银行正式成立了台州天台小微综合支行，由点及线及面，与当地多个村委会达成合作，扶持当地的产业发展，为农民提供更多的贷款资金支持，提高农民的创业热情。入驻天台县仅六个月时间，当地超过30户村民就获得了接近500万元的贷款额度，用以支持生产。此外，宁波银行还借助科技的发展不断创新金融模式，针对农业经营开发了"路路通"的专属金融服务，实现农民贷款从申请到放款"一次性办理"，并且给予延长有效期、无须担保等政策优待，助力乡村振兴。

在发展绿色金融方面，宁波银行利用金融工具，助力低碳绿色发展。2021年，宁波银行调整了《宁波银行绿色信贷管理办法》，明确提出要对绿色、环保行业企业加大信贷支持力度，而对能耗较大、产能过剩的行业企业则要施行管理限制，以鼓励企业向环保节能转型，推动经济可持续发展。此外，宁波银行还通过推出新型服务鼓励全民低碳，如宁波银行衢州分行2021年推出了"个人绿色低碳贷"，用户可以通过平时的低碳行为换取贷款时的利率优惠，当年共创建了超过8万户个人碳账户，累计在该账户中发放超过2000万元贷款，为用户省下超过70万元的利息。

三、宁波银行发展绿色金融，助力环境保护

在国家大力发展绿色经济、行业整体趋势为绿色环保的背景下，宁波银行积极响应号召，大力推广"绿色金融"，促进绿色经济。① 通过创新发展实现供给侧结构性改革与经济多样化发展，助力共同富裕。

一方面，为加强污染治理、节约能源消耗、保护生态环境，宁波银行重点支持绿色环保项目和服务等领域。具体体现在提高节能环保、清洁可循环等绿色行业企业的授信处理优先级和授信金额力度，以加强该类企业的风险抵御能力。截至2021年底，宁波银行对绿色信贷行业授信超过260

---

① 投资时报.宁波银行：抱朴守拙服务实体经济，躬身入局践行社会责任.https://baijiahao.baidu.com/s?id=1714036231038746003&wfr=spider&for=pc.

户，贷款余额超过 150 亿元。宁波银行还积极配合地方政府工作，促进企业进行节能减排改造，推动经济可持续发展。

另一方面，对于钢铁、水泥等能耗较大、产能过剩的行业企业，宁波银行严格进行资质审核。审核依据主要是各项节能环保指标，如有污水废气排放的企业其排放是否达标、排污许可证是否有效，环境部门的环保节能评价如何等，审核不通过的企业无法申请贷款。宁波银行通过此举有效刺激高污染、高能耗的企业及时进行调整与控制，加强治理，节约资源，保护环境。

此外，宁波银行还借助"互联网 +"，通过产品创新推动绿色金融发展。2021 年 10 月，宁波银行北仑支行在全市首次接受环境部门认定的碳排放额作为贷款质押，为公司发放了 200 万元的贷款。同年，宁波银行衢州分行也推出了"个人绿色低碳贷"，用户可凭碳账户积分申请降低贷款利率。将"碳"视作新时代的"交换物"，在促进地方经济发展的同时，也有利于促进全民节能低碳，助力碳达峰、碳中和目标的实现。

表 6-5 将宁波银行通过社会责任助力共同富裕的实践表现及启示加以归纳总结。

表 6-5　宁波银行社会责任助力共同富裕分析

分析维度	具体表现
社会责任行动	宁波银行发展绿色金融，引领行业实现绿色低碳变革
共富特色	绿色共富
核心能力 / 资源	客户服务能力、风险控制能力、完善的公司治理、良好的资产质量
关键利益相关者	行业、用户、社会
向心性	有利于实现自身稳健可持续的发展
适当性	宁波银行拥有良好的口碑和有保障的资产质量并且勇于创新
前瞻性	果断迈出了数字化创新的第一步

续表

分析维度	具体表现
可见性	授信政策支持、过剩产能行业贷款控制、绿色金融债发行
总体成效	企业稳健发展，价值创造力提升，推动实现环保事业的发展及经济发展的稳定
评价启示	充分发挥区位优势、加速变革、合理配置资源

四、宁波银行社会责任行动影响

宁波银行扎根实体经济，积极践行社会责任，获得了多方表扬与认可。2018年宁波银行先后获评"最受投资者尊重上市公司""最佳城市商业银行""卓越竞争力小微金融服务银行""社会责任先锋银行"等荣誉奖项。2019年宁波银行入选英国《银行家》杂志"2019全球银行品牌500强""2019全球银行1000强"榜单，排名全球银行品牌第113位，全球银行一级资本第124位。此外，宁波银行在A股所有上市公司中，市值进入前100位，在上市城商行中市值第一。

社会责任的承担使公司在内部强化了全行员工社会责任意识、加强了与利益相关方的沟通、实现了企业的稳健发展以及提升了价值创造力；在外部也提高了客户满意度、增进社会和谐度、支持环保事业的发展以及保障经济稳定的发展。

第六节　物产中大——"动真格"助推绿色经济

国家所需、社会所求、百姓所愿的事，就是物产中大的转型发展方向。

——物产中大集团原董事长王挺革

一、物产中大创业发展史

物产中大集团成立于 1992 年，是浙江省省属特大型国有控股企业，是我国大型大宗商品流通服务集成商。集团按照以供应链集成服务为主体、金融服务和高端实业为两翼的"一体两翼"发展战略，率先提出并实施"流通 4.0"，致力于成为中国供应链集成服务引领者，打造具有国际竞争力的产业生态。集团拥有各级成员公司 390 余家，员工近 2 万人。2020 年 8 月 10 日，2020《财富》世界 500 强榜单正式发布，物产中大以 519.54 亿美元的营收位列第 210 名，2021 年营业收入为 4129 亿元人民币。

作为国有企业，物产中大具有强烈的社会责任感。且集团作为国内大型大宗商品流通服务集成商，实力雄厚，资金充足，一方面，十分重视产业链的变革创新；另一方面，集团有足够的能力来响应当下社会所需、人民所急。

自 1996 年改制成立以来，物产中大集团始终秉承"物通全球、产济天下"的企业使命，积极践行"以人为本、团队精神、绩效理念、追求卓越"的核心理念，不断变革创新，提升价值创造，承担社会责任，在经营管理中实现了经济效益和社会效益的有机统一。[①]

二、公司社会责任评析

物产中大秉持着"做负责任的大企业"的理念，不仅创造了巨大的经济价值，还创造了丰富的社会价值，实现了"与时代共同前进、与客户共创价值，与员工共同发展"。物产中大业务稳健发展，充分考虑股东利益，同

---

① 物产中大官网. http://www.wzgroup.cn.

时关注和维护客户、合作伙伴、员工等利益相关者的利益，并助力绿色低碳经济、襄助社会公益事业，充分体现了国企的责任和担当。

在推动创新发展方面，物产中大致力于引领产业创新，构建共赢生态网络，它以"十四五"规划为蓝本，不断创新商业模式，实施创新驱动发展战略。以资本收益率为抓手，创新商业模式，发掘经营亮点，开拓业务领域，不断提升服务品质、服务效率，增加服务种类，切实维护消费者的合法权益，努力为消费者营造放心的消费环境。

在促进社会和谐，推动社会公益方面，物产中大充分发挥国有企业优势，切实承担国有企业社会责任。集团与浙江省龙泉市屏南镇结对开展帮扶工作，根据龙泉市屏南镇实际情况，全面推进和实施结对帮扶、产业扶持、教育帮扶、技能培训，帮助屏南镇八个贫困村减少贫困人口，提高经济发展水平，改善生态环境和市容市貌，提高市民素质技能和文明程度。集团积极发挥流通贸易服务、资源集聚等优势，集中各成员公司资源，以高质量项目为依托，推动结对帮扶从"输血"向"造血"转变，使结对帮扶乡镇农户稳定增收，生活条件有明显改善。

在践行绿色环保方面，物产中大从主要经营指标、各项消耗性指标着手，优化设备运行状态，降低煤炭消耗量，加强能源管理力度。同时把节能减排作为转变发展方式、经济提质增效、建设生态文明的重要抓手，因地制宜、深入探索，把节能减排工作贯穿到日常生产经营之中，积极推动创新节能新技术、新工艺的运用，努力发展绿色循环经济。

三、物产中大践行环保责任，助力绿色经济发展

党的十八大报告把生态文明建设纳入"五位一体"总体布局，提出了

建设美丽中国的愿景，并且在生态文明建设上"动真格"地行动起来。对企业，国家提出了越来越严格的绿色生产要求。物产中大精准识别到政府这一核心利益相关者对环保的需求，并为此做出了一系列的社会责任项目设计。

物产中大将环保责任与安全生产、"五水共治"、环境保护等重大决策部署结合起来，与企业淘汰落后产能、运用新技术新装备相结合，促进企业转型升级。集团根据每年的年度计划，制定并实施节能目标责任制和评价考核制度，建立能源消耗及污染物排放统计台账，要求各成员单位每季度定期向公司报送相关报表。集团加大投入，积极推进节能减排技术应用，围绕高效循环利用资源，积极开展替代技术、减量技术、再利用技术、资源化技术、系统化技术等关键技术研究，突破循环经济发展的技术瓶颈。其中污泥耦合"热电气"联供资源综合利用项目取得经济效益和社会效益双丰收，荣获"2019全国电力行业设备管理与技术创新成果"一等奖；"燃煤烟气污染物超低排放智慧环保岛"项目荣获2019年度浙江省人工智能优秀解决方案。同时，集团探索煤炭物流等新模式，参与浙江省重大科技计划"基于绿色协同处理秸秆优化燃烧的高效发电、供气关键技术研究及产业化示范"项目，为环境保护和绿色经济做出了贡献。

表6-6将物产中大通过社会责任助力共同富裕的实践表现及启示加以归纳总结。

表6-6 物产中大社会责任助力共同富裕分析

分析维度	具体表现
社会责任行动	物产中大运用节能减排技术，在多个业务领域实现绿色创新
共富特色	绿色共富

续表

分析维度	具体表现
核心能力／资源	技术、人才与资金优势
关键利益相关者	政府
向心性	展现国有企业担当，助力资源节约，节省成本
适当性	企业内成员社会责任意识强，人才、资金充足
前瞻性	推动了供能的节能减排，推出多种新模式
可见性	企业研发出的多项科技成果获得奖项，为环境保护和绿色经济做出了较大贡献
总体成效	企业转型升级，助力绿色经济发展
评价启示	这一社会责任项目有效助力节能减排，促进了社会经济可持续发展，展现了国有企业的担当，树立了良好的企业形象

四、物产中大社会责任行动影响

积极承担社会责任为物产中大优化了业务协作网络，并创造了更广阔的发展环境。鼓励物产中大成员公司在社会责任承担中探索更多新的业务领域，有助于增强创新能力，助力集团从原来主要是低买高卖的"贸易商"，成功转型为供应链集成服务领域的引领者。2021年，物产中大成功入选了商务部等八家单位联合公布的第一批全国供应链创新与应用示范企业名单。

坚持"客户价值导向"，物产中大始终把客户的需求和期望作为自身行动出发点，也是自身责任所在，持续不断地为各类客户提供供应链系统解决方案，帮助客户优化包括物流、销售、采购、金融、科技等众多供应链环节，并与供应链上下游的各类利益相关者形成了富有活力的产业生态系统。

此外，"物产中大蓝天使"志愿服务队也是物产中大开展社会责任行动的一个亮点，通过开展关怀老人、关注特殊幼儿群体、精准扶贫、保护生态、开展绿色创新等行动，让物产中大与社会有了更丰富、紧密的大爱联结。

第七节　双童——环保吸管，绿色地球

在企业的发展中仅靠创新是不够的，还应担负企业责任，企业家精神中最核心且不变的就是"利他"。

——双童董事长楼仲平

一、双童创业发展史

义乌市双童日用品有限公司（简称双童）创建于1994年，专业从事塑料饮用吸管等产品的研发、生产和销售，共有员工600余人，拥有全封闭清洁生产园区近10万平方米。2003年起，"双童"的创新发展模式逐渐受社会所关注，其众多经营案例先后被中国案例库、中小学和工商管理硕士（MBA）教材收录引用，接连四次登上《新闻联播》，两度被《焦点访谈》关注播出，并持续引发社会和媒体的高度关注。

2004年开始，双童致力于节能降耗建设，持续在厂区内建成水资源循环回用系统、热循环回收处理系统、厂区海绵城市建设等"碳中和"经营模式，并成为义乌市首家"国家级绿色工厂"。2015年，双童基于数字化环境背景，对组织关系进行重大改革，创建"双童创业共享平台"，推动"员工创业体"孵化，赋能一批优秀管理者逐渐向创业者转变。已孵化出义乌市双童生物科技有限公司、义乌市双童文化传媒有限公司、上海欧投（中国）

有限公司、义乌市双童进出口有限公司等十多家创业公司，从而激发组织活力，赋能团队成长，推动公司可持续高质量发展。[①]

公司以"让一次性产品告别白色污染"为使命，以"追求吸管行业主导地位，做一家有利于社会的好企业"为愿景，其核心价值观为"致力成长、协同共生"。秉持着"以小博大、以小博强、以小博精，不以利小而不为"的创业精神，公司先后承担了吸管产业的行业标准、国家标准和ISO国际标准等十多项标准的起草编制工作，其相关标准中的细则条文均源自双童提供的实践经验支持，是当之无愧的"全球吸管行业领导者"和行业隐形冠军。

二、公司社会责任评析

长期以来，双童致力于做一家对社会有利的好企业，持续投入产业升级创新和社会公益。

在推动创新发展方面，董事长楼仲平曾说，"创新"是一种思维的能力，就是打破"固有"去创造"未有"！改变思维方式，通过错位、组合、破界，就算是"一根吸管"也能够扩大市场，打造独特的发展之路。2010年以前，双童的产品线比较简单，基本为长或短、粗或细、直或弯的基础吸管，近十年双童开始打破"吸管只能喝饮料"的定位，生产出一系列创新产品，可以作为玩具、艺术品、装饰品、食品。在公司所有产品中，创新产品的比例最高时达到42%。

在促进社会和谐方面，公司连续四年参与"暖冬行动"，捐赠衣物及书

---

① 义乌政府门户网站. 学校与双童集团携手打造台湾青年创业创新实践基地. http://www.yw.gov.cn/art/2021/9/18/art_1229129803_59274767.html.

籍到偏远地区，董事长楼仲平也以个人的名义在浙江师范大学成立了"楼仲平基金会"，通过设立奖学金帮助有需要的学生，鼓励他们更好地完成学业。此外，双童与义乌工商职业技术学院携手打造了台湾青年创业创新实践基地，在促进两岸青年交流合作上发挥了积极作用。①双童"掌门人"楼仲平经常说利他才能利己，只有持续对他人好的时候，他人才会被感化而给予正向的反馈，最终实现利己。

在践行绿色环保方面，公司以"尽可能小的资源消耗和环境成本获得尽可能大的经济和社会效益"为循环经济的发展理念，在厂房建设之前提出"生态工厂和节能降耗"思路，建成了集"雨水收集、中水回用、余热收集、屋顶绿化"等于一体的绿色生态工厂和节能降耗循环系统，是非常讲究生态友好的厂区。公司厂区内建造了200多个雨水收集坑用于收集雨水，建造了1500吨的中水池用于收集处理员工生活用水进行二次回用，在屋顶进行绿化，在美化环境的同时大大降低了社会资源消耗，每年为企业节省上百万元。②

三、双童推广环保吸管，保障餐饮安全

"双童"早在十几年前就布局可降解吸管的研发和制造。董事长楼仲平曾在一次采访中表示："我们始终认为，作为塑料制品，吸管的使用回收性差，使用中一定会产生白色污染，有一天一定会引发巨大关注。所以我们当时就决定去找一种替代材料，在保持功能性的前提下还能分解，不会产

① 义乌政府门户网站.学校与双童集团携手打造台湾青年创业创新实践基地. http://www.yw.gov.cn/art/2021/9/18/art_1229129803_59274767.html.
② 义乌市双童日用品有限公司企业社会责任报告（2019年1月至2020年1月）. http://www.china-straws.com/social.html.

生白色污染。"抱着这样的想法，2006 年 9 月，双童研制出了可降解吸管，并于 2008 年开始在环保市场发力，但因可降解吸管成本较高，其销售额一直不令人满意。

2018 年，欧洲很多国家宣布禁止使用塑料吸管，这让双童看到了巨大的契机。凭借领先的环保技术，双童可降解吸管和不锈钢吸管的销售额一跃成为当年销售总额的绝对支柱。[①]2020 年，中国明确要求到 2020 年底，所有餐饮行业一律不得使用不可降解一次性塑料吸管。面对餐饮行业特别是饮品店对可降解吸管产品需求的增加，"双童"在众多制造业的中小企业中拔得头筹。

在研制环保吸管的同时，双童还坚定推进"聚乳酸可降解冷饮吸管"行业标准的制定，主导"聚丙烯饮用吸管"的行业标准、中国国家标准、ISO 国际标准的编制工作，为自己赢得新产业发展的规则制定权和话语权，推广"环保吸管"项目，推动环境友好型餐饮变革，为"绿色地球"贡献自己的力量。

表 6-7 将双童通过社会责任助力共同富裕的实践表现及启示加以归纳总结。

表 6-7　双童社会责任助力共同富裕分析

分析维度	具体表现
社会责任行动	双童推动行业采用"环保吸管"，实现环境友好型发展
共富特色	绿色共富
核心能力/资源	产量高；研发精
关键利益相关者	消费者、餐饮企业

① 顾志娟. 入世20年启示录：一根吸管讲出中国变迁故事. https://m.bjnews.com.cn/detail/163907099614131.html.

分析维度	具体表现
向心性	推行可降解吸管有利于扩大双童吸管细分市场份额
适当性	双童深耕吸管细分市场，有环保技术和经验优势
前瞻性	双童提早布局，开创研制新型环境友好材料，推动行业变革
可见性	餐饮企业普遍采用环保可降解吸管
总体成效	双童巩固业务发展，提取新型材质促进整体创新，实现绿色可持续发展
评价启示	这项社会责任行动能够很好地反映双童对自己的定位，充分展现创新是发展的基因，这不仅有助于打造品牌形象，还能延伸其价值链

四、双童社会责任行动影响

双童秉持着"追求吸管行业主导地位，做一家有利于社会的好企业"这一愿景，实现了自身的产业升级，打破了大众对吸管制作的简单认知，以创新驱动自身的不断发展。

从一开始的低端加工和薄利多销，到走上创新和品牌化道路，双童的发展历程也是中国 21 世纪以来"中国制造"企业的缩影。多年来，公司始终坚守"工匠精神"，专攻吸管主业，"双童"手握 100 多项吸管专利，占全球吸管行业专利数量的 2/3。此外，企业还先后承担了多项行业、中国、国际标准的起草编制任务，把规则制定和国际话语权牢牢掌握在自己手中，成为浙江省唯一一家单一企业承担制定行业标准、国家标准和 ISO 国际标准的中小企业，也成为第一个使"义乌标准"走上国际舞台的企业。"双童"已成为浙江省著名商标、浙江省名牌产品、浙江省知名商号。

双童在环境、能源低碳化、绿色产品等方面的贡献也获得了高度肯定。2009 年，公司被认定为浙江省绿色企业；2019 年，双童又获评国家级绿色工厂。

第八节　社会责任助力绿色共富的底层逻辑

从上述"社会责任助力绿色共富"系列案例中，同样可以发现这些企业履行战略性社会责任的共性特点。它们找准方向并充分发挥自己独特能力或资源优势来回应"绿色低碳"这一环境保护现实期望，并促使自身所提供的产品或服务赢得社会大众更多支持与认可。例如，蚂蚁金服推动互联网实现绿色环保，卧龙推动建筑业实现绿色环保，宁波银行推动金融业实现绿色创新，万向、双童等推动传统制造业实现绿色环保。这些企业善于运用自身具备的独特能力或资源，积极践行战略性社会责任，助力打造"绿色低碳"社会。值得一提的是，这些责任行动也为它们创造了丰富的绿色动能，助力它们朝着可持续发展大步迈进。本书强调，正是这种"企业自身能力匹配绿色低碳需求"的组合模式，促成了上述企业在推动环境友好型可持续发展中实现"成人达己"。

第七章

社会责任助力共同富裕的对策建议

上述浙江企业主动对标高质量发展建设共同富裕示范区任务要求，争当共同富裕示范区建设的标杆。一些案例企业充分运用数字技术能力，引领企业及上下游创新发展，促进中小微企业协同创新，打造在全国有影响力的科技创新中心；一些案例企业深度参与国际发展，加快建设具有国际竞争力的现代产业体系，高质量参与共建"一带一路"合作，相互促进，互利共赢；一些案例企业积极参与巩固脱贫攻坚成果，运用产业帮扶、项目帮扶、就业帮扶、资金帮扶等多种手段，帮助欠发达乡村地区改善民生，实现乡村振兴；一些案例企业积极构建可持续、绿色低碳商业生态，打造环境友好型商业生态。总体来看，积极有效地开展战略性社会责任实践，已经成为广大浙江企业实现可持续发展的全新思路，并形成了一股社会责任助力共同富裕的新时尚。

本书希望，上述一系列"社会责任助力共同富裕"的卓越实践案例能够启发大家进行更深入的思考，特别有关这些企业如何结合自身特点，着手尝试设计并承担共富型社会责任，通过带动产业创新、共建"一带一路"、帮扶偏远地区、促进乡村振兴、推动教育公平、优化医疗资源、优化环境保护等方式，构建可持续的商业生态和发展命运共同体，真正助力共同富裕。

本书认为，上述企业的战略性社会责任实践极具参考借鉴价值，值得各行各业的企业和企业家们从中找寻与自身最为匹配的相似路径或经验，结合自身进一步开展创新思考，提出独具自身特色的战略性社会责任设计，并最终付诸行动。因此，本书将进一步为大家归纳总结上述案例企业社会责任行动背后存在着的一些共性原则，以帮助大家更好地把"社会责任助力共同富裕"付诸自身所在企业的实际经营管理中。

第一节　企业践行社会责任的对策建议

一、企业创新驱动发展战略性社会责任

可以清晰地发现，上述企业之所以能成为"社会责任助力共同富裕"的卓越实践案例，是因为它们拥有各具特色的专长能力或独特资源，并在战略性社会责任设计过程中，尽情发挥这些"优势专长"，解决了社会问题，赢得了大家的认可，也收获了企业自身长期发展。例如，农夫山泉对如何掌控饮料产品上游原材料品质提升等具备充分专业知识和处理技术，在行业中居于领先位置，并不断研发新兴技术与设计，这才促使企业在看到江西赣州的柑橘行业困境时，能够迅速行动，打通专属于赣州柑橘的产业链，并攻关改良当地柑橘品种，实现双赢共富。再如，万事利在丝绸原材料处

理工艺领域独具竞争实力，有自信能够帮扶衢州开化溪东村产出高品质丝胶茧。在帮助当地实现绿色发展、生态扶贫的同时，也促使其自身引领丝绸行业发展，独占鳌头。"打铁还需自身硬！"如果这些企业不具备强大的创新能力，很可能不仅没有解决好问题，还会产生未曾预料的负面效果。如此一来，不仅无法给企业带来增量价值，还可能陷入"好心办坏事"的被动境遇。

因此，本书再次强调，企业要想通过社会责任助力共同富裕，就必须非常清晰地识别并运用自身的核心能力，特别是那些可以帮助企业与同行业、跨行业竞争对手明确区分开来的、可以帮助企业产生全新想法和点子的创新能力。本书并不建议大家看到同行业卓越社会责任案例后直接拷贝模仿。因为倘若不具备类似的核心能力，这样的拷贝很难获得成功。以己之长，助人解难，这是"社会责任助力共同富裕"的重要基础。

二、创造共生价值是助力共富之道

上述"社会责任助力共同富裕"卓越实践背后的另一对策建议是，这些企业都高度重视在社会责任行动中"创造共生价值"。这里所讲的社会责任"共生"，既包含与社会责任直接聚焦的利益相关者共生，也包括与竞争对手、合作伙伴等其他利益相关者共生。

传统的社会责任观点认为，企业履行社会责任，就是拿出自己拥有的资源，赠送给有需要的利益相关群体，帮助他们解决问题。但是直接赠送分配的方式往往无法有效解决问题，如面临自然灾害时，现金捐赠并无法直接帮助受灾民众解决温饱、住宿等物质问题，以及焦虑、痛苦等心理问题。因此，企业开展社会责任行动时，应当首先了解清楚对应利益相关者的真实期望。正所谓"授人以鱼不如授人以渔"，只有通过特定的社会责任实践解决利益相关者的当下急需，并为他们创造自我提升机会，甚至参与企业的未来发展，才能够实现可持续的共同富裕。例如，吉利在"吉时雨"项目中，精准识别出贫困人口除了当下缺乏资金，更需要的是长期就业、自我"造血"的能力。因此，当吉利启动农业帮扶项目、资助贫困学子求学、推动责任采购时，既促进利益相关者真正"脱贫"，也为自己赢得了未来人才。

此外，企业开展社会责任实践时，还应当重视与竞争对手、合作伙伴等利益相关者建立共生关系。以社会责任行动为平台或纽带，激发多方参与者获得成长。例如，双童积极推动中小餐饮企业理解并接受环保的重要性，以环保吸管为纽带，共同推动环境友好型餐饮变革，最终造福整个行业适应发展新阶段的要求，实现共同成长。再如，正泰提出"打造命运共同体，构建共赢生态圈"，帮扶供应商，在为供应商发展注入活力的同时，正泰也获得了全新增长点。他们都通过践行"共生"逻辑，实现了与利益相关者共富的目标。

总而言之，"社会责任助力共同富裕"就必须突出强调"共生价值"，通过共担责任，创造价值共享，实现共同富裕。

三、责任领导力是基业长青的根本

上述卓越实践案例都体现出"社会责任助力共同富裕"的第三条对策建议——这些企业均展现出极具魅力的责任领导力，责任领导力既来自领导者，也来自广大员工。所谓责任领导力，就是真正把"社会价值和商业价值共赢、短期投入与长期发展平衡"的可持续发展理念融入企业日常经营管理，不一味追求短期回报，而更加看重创造长期价值。在这些案例企业中，责任领导力是自上而下地被接受、鼓励和倡导的。例如，方太集团推出的助力共同富裕计划由董事长茅忠群先生亲自挂帅，他积极参与各项社会责任实践，向企业内外利益相关者传递出强大的责任领导力信号，赢得了员工及广大外部利益相关者的鼎力支持，一起谱写了方太的精彩故事。再如，海亮集团长期坚持"功德为先"的价值理念，利用自身丰富的教育资源，长期向西部偏远地区输送优质教育项目，在扶贫扶智、促进共富的过程中，真正擦亮自身品牌，从而获得外部利益相关者的广泛认可与支持。

当下，外部环境变化越来越迅速，机遇和威胁并存，这些都在考验企业和企业家的责任担当。企业想要通过社会责任助力共同富裕，就必须拥有明确的责任价值观，持之以恒，要坚定地打造"百年老店"，而非一时红火。因此，本书倡导，企业必须自上而下地把践行社会责任作为商业经营的基本逻辑，融入企业战略规划，即通过帮助他人有效地解决问题来获得自身可持续成长。尤其对于各大企业的核心领导团队而言，提升这种责任领导力，既是助力共同富裕的关键，也是引领企业实现基业长青的根本（见图 7-1）。

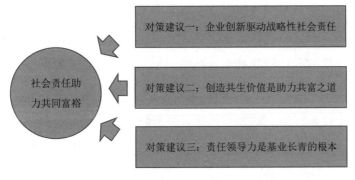

图 7-1　社会责任助力共同富裕的对策建议

第二节　政府推动社会责任的对策建议

一、总体设计，合理引导

一直以来，企业社会责任被视为企业回应利益相关者期望的主动意愿行动。这与卡罗尔给出的企业社会责任定义相匹配，即企业社会责任是期望，不具备强制性。而随着企业与社会间关系变得越来越紧密，大家似乎已经达成一种共识，即"企业社会责任是企业经营不可忽视的一个组成部分"。越来越多的企业主动发布社会责任战略，编写社会责任年报，设置首席责任官，开展社会责任实践系列活动。

然而，令人遗憾的是，在"人人参与社会责任行动"的热闹背后，还存在着许多不尽如人意之处。例如，一些企业"好心办坏事"，想要践行社会责任，却因为用力不得法或缺乏相应能力专长而没有做好，甚至造成更多麻烦。再如，一些企业模仿行业领先企业，"一拥而上"开展同样内容的社会责任实践，导致资源冗余，甚至浪费。这些都是人们不希望看到的。

因此，本书建议，在共同富裕大背景下，政府应当主动开展总体战略设计，即在共同富裕目标指引下，精准识别当地关键利益相关者各类真实期望，进而主动向具备特定能力或优势资源的企业提出社会责任项目定向邀约，并协助它们构建起社会责任协同创新生态，促使每一项企业社会责任行动都可以"掷地有声""卓有成效"。从社会系统的角度出发，政府应当打造一个社会责任"驾驶舱"，让每一家企业都各展所长、各有所获。

显然，这将撼动社会责任的固有定义，但本书认为，自上而下的主动设计可以与自下而上的自主行动相辅相成，形成良性互补，从而更好地助力实现共同富裕的目标。

二、精准匹配,高效协同

政府除了引导特定企业关注一些与其能力或资源相匹配的社会责任问题,还应当尝试着为它们寻找、配置最可靠的"战友"。正如波特在价值链模型中所强调的,当代企业很难通过单打独斗获得成功,必须相互依靠,各展所长。在社会责任领域中,这一原则同样适用。特别是在鼓励企业积极参与第三次分配的大背景下,政府更应当主动作为,帮助企业真正找准"用武之地",有效帮助他人,也帮助企业实现自身可持续发展,即实现"成人达己"。

如果等待每家企业去寻找到自己最匹配的战友,这必将是一个漫长的过程,或者会耗费企业大量时间和资源。政府如果愿意搭建平台,就像撮合创业合作、资本相亲、人才交流那样撮合更多企业围绕特定社会责任问题走到一起,开展共同创新与协作,那必将事半功倍。更加值得一提的是,研究表明,当多家企业因为共同解决某个社会问题而走到一起开展合作时,更加容易激发产生后续更多业务创新协作。不难理解,可以为了帮助他人而一起贡献力量的"朋友",是值得信任和托付的,更适合成为未来商业合作的"队友"。因此,本书倡议更多政府机构可以扮演起这个"牵线红人"的角色,也让各类企业能够真正嵌入共富型社会责任生态以发挥自身独特作用。

三、主动宣传,亲清共生

除了发布需求、牵线合作,政府还应当为积极履行社会责任、帮助社会排忧解难的企业提供更加生动真实的宣传鼓励，为这些积极投身共同富裕事业的卓越企业提供更坚强的合法性背书。本书必须强调，这绝不是让政府与某些大型企业进行利益绑定，开展不合法、不道德的灰色交易，而是应当在"亲清"关系准则下，构建起政企协同的良性可持续共赢生态。

共同富裕倡导全体富裕，同时，共同富裕也需要全体参与。因此，政府应当扮演好联结点的关键角色，在倡导"亲清"政企关系的基础上，一边努力了解企业和不同利益相关者的真实诉求，一边掌握企业和社会各方的能力优势，搭建社会问题解决的双边平台，撮合更多的企业和社会组织去解决它们最有能力解决的社会问题，从而帮助每家企业个性化地实现"成人达己"的目标。事实上，这也将最终帮助政府自身实现"成人达己"的价值。

第三节　共同富裕背景下社会责任创新的未来展望

对于我国商业社会来说，社会责任尚属于一个新生概念。许多人还会把社会责任等同于捐钱捐物等公益活动。通过本书提供的一系列"社会责任助力共同富裕"的卓越实践案例，相信读者们对社会责任的理解已经更加深入一步，开始思考如何把社会责任与战略发展结合起来，尝试通过社会责任来助力共同富裕。在共同富裕背景下，企业和管理者们可以做的还很多，应当在这些案例实践的基础上，做得更好、更精彩。接下来，本书将进一步为大家提供一些在共同富裕背景下，开展社会责任创新的最新设想。

一、强调社会责任创新战略

正如在对策建议总结中提到的，企业必须把社会责任纳入战略规划，成为企业发展目标的一部分。事实上，这就要求管理者更新企业经营思路，从原先聚焦于打造好一款自己擅长的产品、提供好一项自己专长的服务，转变为打造好一款能够帮助利益相关者解决实际难题的产品、提供好一项利益相关者最为急需的服务。可见，优质的产品和服务依然是企业竞争力的来源，但是，本书特别强调，外部利益相关者的期望能否得到有效满足、社会问题能否得到有效解决，将成为判定产品和服务"优质"与否的重要标准。因此，本书倡导，在助力共同富裕的背景下，每一家企业都应当找准最为紧密关联的核心利益相关者，并基于它们的迫切需求开展自身业务再创新，践行"成人达己"。令人欣喜的是，越来越多的企业成立社会责任专门管理部门，把社会责任价值纳入最终业绩考核框架。只有真正把社会责任元素注入企业战略发展规划，才能够获得可持续的竞争力。

二、倡导社会责任联合实践

要想做好战略性社会责任，尤其是助力共同富裕实现的各项社会责任行动，就必须激发多方利益相关者共同参与，各展所长、各有所获。因此，本书倡议企业未来可以考虑改变社会责任行动设计方案和社会责任报告编写模式，进一步突出"联动、协同"，从而实现"共创、共赢"。

具体而言，大多数企业开展社会责任行动都是采用"单打独斗"的形式，即运用自身资源或能力来回应某个社会问题。而想要帮助特定利益相关群体实现共同富裕，往往必须由多方利益相关者共同参与才能实现。因此，必须从项目设计伊始，就要考虑多方共创和共赢。此外，绝大多数企业都把社会责任年报视作向社会"汇报"个体成绩的固定方式。显然，当未来必须联合多方利益相关者共同开展联合行动后，就应当创新地联合发布社会责任报告。这些新型实践方式，既可以进一步拉近企业与核心利益相关者间的心理距离，订立心理契约，同时也能够对各方参与者产生积极影响。特别是在数字经济的背景下，企业必须进一步弱化传统的"篱笆墙"。通过共同开展社会责任行动设计，一起助力特定利益相关者实现共同富裕，将成为构建紧密商业互信关系的重要方式。

三、促进社会责任可续创业

很多人认为，创业企业无法承担太多社会责任；创业企业能够做好企业经营，稳定就业岗位就已经承担了大量社会责任。的确如此，因为企业在创业阶段往往资源有限，能够存活下来已非常不容易。值得关注的是，在许多新兴实践中，创业企业也完全可以以解决特定社会问题为导向，开展社会责任型创业，成为天生型助力共同富裕的"选手"。例如，宁波搭把手公司以助力城市垃圾分类为初衷，运用互联网数字经济，帮助社会有效优化垃圾分类，助力绿色共富的同时，自身关联业务也持续发展。但与此同时，同样模式的创业也可能产生另一面结果。例如，东莞小黄狗公司因为受资本裹挟，追求短期收益，最终溃败。因此，要想开展社会责任型创业来助力共同富裕，就必须处理好创业实践要求"短平快"与社会责任注重"长久稳"之间的平衡。倘若忽视了社会责任型创业首先还是帮助特定利益相关者满足真实期望、解决社会问题这一本质，最终将南辕北辙。特别是在共同富裕的背景下，社会期望创业者们可以开展卓有成效的创业行动，来带动特定利益相关者实现共富；但同时，创业者们必须清醒地意识到，这将是一个长期的、稳健的、可持续的发展过程。因此，"社会责任助力共同富裕""成人达己"应当成为商业经营的基本逻辑，成为创业者和企业家们的新兴生存之道。

四、未来行动展望

本书要再次强调被收录的共富型社会责任企业案例背后的几条共性逻辑。首先，它们都非常清楚自身具备的独特能力或资源。"打铁还需自身硬"，构建起差异化的核心能力与战略资源，这才是企业经营成功的根本。其次，它们都善于准确把握核心利益相关者的真实期望。面对各种各样的利益相关者期望诉求，必须抓准主要矛盾。最后，它们都敢于发挥自身能力或资源专长解决社会问题。波特教授强调，企业无法也不需要回应所有社会问题，而应当运用自身专长解决那些自身最有能力解决好的问题，并从其中获取竞争优势。本书诚挚地期待更多企业和企业家可以循着这种战略性社会责任思路，积极投身实现共同富裕的伟大事业。

因此，本书热切地倡议读者们，在共同富裕背景下，一起采取行动，践行"成人达己"价值理念。读者们可以在上述卓越案例实践中找到一些参考模板，如推动产业创新、共建"一带一路"、助力乡村振兴、实现可续创新等。读者们可以直接模仿，也可以借鉴创新，还可以基于上述案例归纳出的关键原则和对策建议，畅想提出更具魅力的战略性社会责任实践，在帮助他人变得更好的同时，进一步强化自身战略能力优势。衷心祝愿每一家企业都可以在"社会责任助力共同富裕"的过程中，打造"百年老店"，实现基业长青！

参考文献

[1] 陈宏辉,贾生华.企业利益相关者三维分类的实证分析[J].经济研究,2004(4):80-90.

[2] 陈宏辉,杨嘉诚.构建意义驱动的数字时代商业伦理:服务主导逻辑的视角[J].清华管理评论,2022(4):62-70.

[3] 陈宏辉,张麟,向燕.企业社会责任领域的实证研究:中国大陆学者2000~2015年的探索[J].管理学报,2016(7):1051-1059.

[4] 贾生华,陈宏辉.利益相关者的界定方法述评[J].外国经济与管理,2002(5):13-18.

[5] 莫申江.领导者如何创造商业与社会的双重价值[J].清华管理评论,2016(3):48-53.

[6] 莫申江.互联时代的企业社会责任[J].清华管理评论,2018(6):43-47.

[7] 莫申江.社会责任应成为平台企业发展的底层逻辑[J].清华管理评论,2020(12):96-100.

[8] 肖红军,张哲."共同富裕"目标下的国有企业社会责任战略[J].清华管理评论,2022(Z1):96-102.

[9] 阳镇, 陈劲. 迈向共同富裕：企业社会责任的底层逻辑与创新方向 [J]. 清华管理评论, 2022(Z1):68–76.

[10] Carroll A. The pyramid of corporate social responsibility: Toward the moral management of organizational stakeholders[J]. Business Horizons, 1991(4): 39–48.

[11] Carroll A. Corporate social responsibility: Evolution of a definitional construct[J]. Business & Society, 1999(3): 268–295.

[12] Carroll A. A history of corporate social responsibility: Concepts and practices[M]// Crane A, Matten D, McWilliams A, Moon J, Siegel D. The Oxford Handbook of Corporate Social Responsibility. Oxford University Press, 2009.

[13] Carroll A. Ethical challenges for business in the new millennium: Corporate social responsibility and models of management morality[J]. Business Ethics Quarterly, 2000(1): 33–42.

[14] Freeman R. Strategic Management: A Stakeholder Approach[M]. Boston, MA: Pitman, 1984.

[15] Freeman R, Liedtka J. Corporate social responsibility: A critical approach[J]. Business Horizons, 1991(4): 92–93.

[16] Freeman R, Reed, D. Stockholders and stakeholders: A new perspective on corporate governance[J]. California Management Review, 1983(3): 88–106.

[17] Friedman M. The social responsibility of business is to increase its profits[J]. The New York Times, 1970, 9: 17–17.

[18] Husted B, Allen D. Strategic corporate social responsibility and value creation among large firms: Lessons from the Spanish experience[J]. Long Range

Planning, 2007(6): 594–610.

[19] Mitchell A, Agle B, Wood D. Toward a theory of stakeholder identification and salience: Defining the principle of who and what really counts[J]. Academy of Management Review, 1997(4): 853–886.

[20] Porter M, Kramer M. The competitive advantage of corporate philanthropy[J]. Harvard Business Review, 2002(12): 56–68.

[21] Porter M, Kramer M. Strategy & society: The link between competitive advantage and corporate social responsibility[J]. Harvard Business Review, 2006(12): 78–92.

[22] Porter M, Kramer M. Creating shared value[J]. Harvard Business Review, 2011(1/2): 62–77.

[23] Rangan K, Chase L, Karim S. The truth about CSR[J]. Harvard Business Review, 2015, 41: 40–49.

[24] Schwartz M, Carroll A. Corporate social responsibility: A three–domain approach[J]. Business Ethics Quarterly, 2003(4): 503–530.

[25] Wickert C, Risi D. Corporate Social Responsibility (Elements in Business Strategy) [M]. Cambridge: Cambridge University Press, 2019.

后　记

在准备和撰写本书的过程中，不禁被收录本书的各家案例企业积极投身战略性社会责任、助力共同富裕的故事深深打动。更令人兴奋的是，这些企业绝不仅仅是为了"赚吆喝"才如此钟情社会责任实践，而是真正把解决社会问题与促进自身发展紧密结合起来，实现社会价值和商业价值共赢，成人达己，助力共同富裕。因此，我们首先要感谢这些卓越企业。通过它们，本书清晰地向广大企业和企业家朋友传递一个重要声音：企业助力共同富裕，绝不是单向的资源或能力输出，而应当是"帮助他人解决问题的同时，有效提升自身竞争优势"。

其次，诚挚感谢参与本次共同富裕背景下社会责任创新案例素材整理及写作的各位社会责任创新实验室成员。他们是浙江大学管理学院博士研究生苏逸、虞文清，浙江大学管理学院本科生孙丽、叶子硕、林颂轩、周凯旋、王黎、盛书棋、梁一丹、丛文筱、冯璇儒、林琬容、徐紫琳、王聪棋、米子卿、唐力、王嘉驰等。正是他们的积极参与、倾情投入，才让这么多"社会责任助力共同富裕"卓越案例很快地被识别并汇聚进入本书。同时，还要感谢浙江大学全球浙商研究院的陆婷婷老师，她在本书撰写过程中，持续提供了大量企业联络支持。特别感谢袁婧老师，她在本书整理资料和校对文稿过程中，付出了大量努力。此外，本书写作得到了国家自然科学基金面上项目（72172139）和重点项目（72232009、72332005）以及浙江大学管理学院的大力资助，为本书提供了重要保障。

最后，本书在成稿之后，我们非常荣幸地在第一时间得到众多专家倾情支持，帮忙审读并提供了许多宝贵意见，在此一并表示感谢，他们是浙江大学中国农村发展研究院（"卡特"）首席专家、浙江大学求是特聘一级教授、博士生导师黄祖辉教授，浙江省委副秘书长、省委政研室主任朱卫江，浙江财经大学党委副书记魏江教授、浙江大学管理学院邢以群教授、刘渊教授、黄灿教授、刘洋研究员、蒋帆老师、张冠宇老师等。衷心感谢各位老师的鼎力相助！

莫申江、谢小云、邬爱其

2024 年 3 月于杭州